人間性心理学の視点から
三谷隆正『幸福論』を読む

鶴田一郎 著

大学教育出版

はじめに

　筆者は2004年に西日本法規出版（現・ふくろう出版）から『間主観カウンセリング―「生きがい」の心理学』という本を出しました。同書は大学の授業でも教科書として使用しておりましたが、その際、再三にわたって関連重要人物として「三谷隆正先生」について学生に紹介しました。

　学生の中には、筆者の同書よりも「三谷先生についての話が面白い」と言う人がかなりおりまして、授業の準備のために、三谷先生の著作を何度も何度も読み返している内に、三谷先生についての本を出版できないかと考えるようになりました。筆者の恩師、伊藤　隆二先生（横浜市立大学名誉教授）に、上のことを申し上げると、「是非おやりなさい。私も尊敬する先生ですから」とすぐに賛同してくださいました。この伊藤先生は東京大学教育学部のご出身で、三谷先生同様、キリスト者であられる臨床教育心理学者です。

　また、臨床心理学を専攻する筆者がなぜ三谷隆正先生について書くかということですが、日頃のカウンセリング実践の中での気づきによります。その気づきとは、来談者の問題性や病理性ばかりを問題にする前に、カウンセラー自身が如何に生きているのか、自問自答する必要性があるということです。

　カウンセリングの場で如何に善いことを言っても、日頃の生活においてカウンセラー自身が善く生きていなければ、それは来談

者に対して何ら善い効果をもたらさない、つまり、裏表がない一人の人間として来談者と正直にかかわらなければ、来談者およびカウンセラーの治癒への力動は起こりえないとカウンセリング実践の場を通じて確信できたからです。

　そのような気づきから、何らかのヒントが得られないかと、さまざまな人生論・生きがい論・幸福論を読み進めましたが、三谷先生を心の師と仰ぐ神谷美恵子先生の『生きがいについて』（みすず書房）を例外として、三谷隆正『幸福論』を超えるインパクトがあったものはありませんでした。

　同書は「人間の幸福とは」といったことを哲学の立場から論じたものでした。筆者は、同書および著者の三谷隆正先生の生き方から多くのものを学びました。そして、せめてものご恩返しとして、「人間性心理学」（「人間とは何か」「人間の本質とは何か」などを心理学の立場から探究する学問）の視点から、再度、検討・考察し、一冊の本として上梓（じょうし）しようと思いました。

　そのようにして、本書の執筆を考えたのですが、初稿はあまりにもアカデミックなものになりすぎたため、全面的に書き直して、高校生くらいの読者から理解できるような内容にいたしました。そして特に力を入れて書いたのは、三谷隆正の幸福論が、机上の空論なのではなく、三谷隆正の艱難辛苦（かんなんしんく）の人生を通じた「真実の思想」であるという点です。

　なお、最後になりましたが、本書出版の機会を与えてくださった大学教育出版の方々に心より御礼申し上げます。

2014年1月

鶴田一郎

人間性心理学の視点から三谷隆正『幸福論』を読む

目　次

はじめに……………………………………………………… 1

第1章 三谷隆正の思想と行動
―「信仰―学問―教育」に生きた生涯から― ………… 7
はじめに―問題の所在　7
1. 三谷隆正の生涯　9
   1-1　三谷隆正の略歴　9
   1-2　三谷隆正の生涯　17
2. 三谷隆正の思想と行動　27
おわりに―まとめにかえて　32

第2章 三谷隆正と三人の師
―内村鑑三・新渡戸稲造・岩元禎― ……………… 37
はじめに―問題の所在　37
1. 三谷隆正と三人の師　39
   1-1　内村鑑三　39
   1-2　新渡戸稲造　45
   1-3　岩元禎　49
2. 三谷隆正による三師の思想の統合　51
おわりに―まとめにかえて　55

第3章 三谷隆正の遺著『幸福論』を読む
―処女作『信仰の論理』との対照を中心に― …… 58
はじめに―問題の所在　58
1.「第一章　幸福論の歴史」を読む　62

1-1　要約　*62*

1-2　要約者・注　*74*

1-3　解題　*78*

2.「第二章　幸福とは何か」を読む　*80*

2-1　要約　*80*

2-2　要約者・注　*88*

2-3　解題　*90*

3.「第三章　苦難と人生」を読む　*92*

3-1　要約　*92*

3-2　要約者・注　*96*

3-3　解題　*99*

4.「第四章　新しき創造」を読む　*102*

4-1　要約　*102*

4-2　要約者・注　*111*

4-3　解題　*115*

5.「第五章　不幸の原因」を読む　*118*

5-1　要約　*118*

5-2　要約者・注　*124*

5-3　解題　*127*

6.「第六章　幸福の鍵」を読む　*129*

6-1　要約　*129*

6-2　要約者・注　*137*

6-3　解題　*141*

おわりに―まとめにかえて　*143*

第1章

三谷隆正の思想と行動
―「信仰―学問―教育」に生きた生涯から―

はじめに―問題の所在

　三谷隆正（1889-1944）の生涯を紹介した論文・研究書・エッセイ・講演会記録などには、年代順に列挙すると、次のようなものがある。

　すなわち、①三谷隆正昇天後20年の記念講演会の記録をまとめた山田・藤本・高橋・中川（1964）、②旧友が故人の思い出を語った矢内原忠雄（1965）、③三谷隆正全集全5巻を補完する意味で近親・旧友・後進・門下生等が三谷の人格と足跡を語った南原・高木・鈴木（1966）、④旧友・南原 繁が三谷の思想・信仰・人生を語った南原（1966a）、⑤三谷の信仰・思想・国家論について考察した研究論文である高尾（1967）、⑥三谷隆正全集全5巻の編者である南原繁が三谷との思い出ならびに全集への序と後記をまとめた南原（1973）、⑦内村鑑三の信仰・思想を継承した一人としての三谷を考察した藤田（1977）、⑧三谷の幸福論を略歴

と共に紹介した中村（1979）、⑨宗教上の同門者である者が内村鑑三をめぐる人々の一人として紹介した石原（1982）、⑩三谷の略歴と思想をまとめた和田（1986）、⑪無教会キリスト教の系譜を人物により歴史的に考察した量(はかり)（1989）、⑫三谷生誕100年没後45年記念懇談会での講演・感話に、1944（昭和19）年2月20日の三谷の告別式における弔辞・追悼文、全集に収録されていない書簡などを加えて上梓された『三谷隆正の生と死』刊行委員会（1990）、⑬三谷の幸福論と生涯を考察した武田（1997）、⑭近代日本キリスト教者の一人としての三谷を考察した鵜沼（2000）、⑮信仰・国家・歴史の視点から、その時々の社会的文脈を交えながら、三谷思想の発展と国家観および三谷個人の概念化を試みた博士論文である村松（2001）、⑯三谷を事例として近代日本の歴史意識を考察した村松（2004）、である。

　上掲の文献を熟読していく中で筆者には、三谷隆正に関するイメージが以前にも増して一層強く浮かび上がってきた。それは、敬虔なキリスト者としての側面、鋭敏な法哲学の研究者としての側面、そして優れた教育者としての側面である。これらの三つの側面は三谷の別々の人格的側面というよりは、部分に分割できない三谷隆正というホリスティック（holistic）な存在がもつ三つの位相であるように感じられる。そこで本章では、三谷隆正の生涯を具(つぶさ)に検討し、彼の生涯を考える上で不可欠・不可分な要素である「信仰に生きること」「学問に生きること」「教育に生きること」という三つの視点から考察することを通して、彼の思想と行動が表裏一体のものになっていった過程を明らかにしたい。そ

の際、第1節では、三谷隆正の生涯を紹介し、第2節では、三谷隆正の思想と行動の特長として「信仰―学問―教育」三位一体の生き方について考察する。そして、最後に本章全体のまとめと今後の課題について表明し文を結びたい。

1. 三谷隆正の生涯

1-1 三谷隆正の略歴

ここでは南原（1966b）、南原・高木・鈴木（1966, pp.429-433）、和田（1986）、村松（2001, pp.257-265）を参照して【三谷隆正略歴】を提示し、更に「三谷民子」編纂委員会（1991, p.2）を参照して【三谷家系図】を紹介する。

【三谷隆正略歴】
1889(明治22)年
　2月6日　　神奈川県神奈川青木村に、父宗兵衛と母こうとの間の長男として誕生する。
1894(明治27)年　5歳
　8月　　　　日清戦争おこる（翌明治28年終わる）。
1895(明治28)年　6歳
　4月　　　　東京芝区（現在の東京都港区）鞆絵小学校（明治3年・1870年学制が発布され「仮小学第一校」として開校した東京で最も早くできた小学校）入学。

途中約一年、父に従って静岡県小山町に移り住んだが、再び東京に帰る。

1901(明治34)年　12歳

 3月　　　　鞆絵小学校卒業。

 4月　　　　明治学院普通学部（当時の旧制中学の一つで現在の明治学院中学校・高等学校の前身。明治学院は江戸時代末期に主としてヘボン式ローマ字で知られるヘボンほか三人の宣教師によって創立）入学。

    この間、家族は父の故郷岩滝村に帰り、三谷は東京に残された。女子学院の教諭であった姉民子の監督のもと、明治学院の寄宿舎（ヘボン館）に入舎した。

1904(明治37)年　15歳

 2月　　　　日露戦争おこる（明治翌38年終わる）。

1907(明治40)年　18歳

 3月　　　　明治学院普通学部卒業。

 7月　　　　第一高等学校〔一部甲類・英法〕（現在の東京大学教養学部。当時の学科課程は、一部甲類［英法・英政・英文］・一部乙類［独法・独文］・一部丙類（仏法・仏文）・二部甲類［工］・二部乙類［理・農・薬］・三部［医］）入学。

    同級に真野毅・森戸辰男・川西実三・岩切重雄・内山直・南原繁等、級は異なるが、膳桂之助・三村起一・沢田廉三の諸氏が居た。

その他、上級の立沢　剛・岩下壮一は岩元禎教授を通して、中川景輝はキリスト教青年会の関係で、それぞれ親しかった。

　　一高では寄宿舎には入らず、神田駿河台の清水建設会社社長・清水釘吉邸に家庭教師として寄寓、この関係は大学卒業時まで続いたため、旧制高校特有の寮生活とは無縁であった。

　　在校中、なかんずく新渡戸稲造校長および岩元禎教授に私淑し、その親密な師弟関係は終生続いた。

　　学外では無教会主義の創始者・内村鑑三に師事、その精神的指導のもとにつくられた柏会（大学および一高の法科関係の同志学生生徒の一群）の会員となる。

1910（明治43）年　21歳

　6月　　　　第一高等学校卒業。

　7月　　　　東京帝国大学法科大学英法科に入学。在学中病気のため一年休学。

1914（大正3）年　25歳

　7月　　　　第一次世界大戦はじまる。

1915（大正4）年　26歳

　7月　　　　東京帝国大学卒業。

　9月　　　　第六高等学校教授として岡山に赴任、法制およびドイツ語を担当。

同市では初め門田屋敷、後に門田に居住。

同市の日本基督教教会（現在の蕃山町教会）の会員として奉仕（大正 8 年 8 月同教会の長老に選ばれる）。

1918(大正 7)年　29 歳

11 月　　　第一次世界大戦終わる。

1923(大正 12)年　34 歳

1 月　　　児玉菊代と結婚。

1924(大正 13)年　35 歳

3 月　　　長女晴子誕生、生後 3 週間で死去。

7 月　　　妻菊代永眠。

1926(大正 15)年　37 歳

3 月　　　第六高等学校教授辞任。

4 月　　　岡山より東京へ移転し、牛込区（現在の新宿区）加賀町、後に同区甲良町に居住。

東京へ移転後、友人・中川景輝の牧する千駄ヶ谷教会の長老として奉仕（昭和 5 年に至る）。

処女作『信仰の論理』岩波書店より出版。

6 月　　　静岡高等学校講師嘱託、法制担任（8 月退職）。

7 月　　　『The Japan Christian Intelligencer』誌に英文寄稿を始める（昭和 3 年 2 月同誌廃刊まで、毎回、英文原稿を書き下ろす）。

9 月　　　東京外国語学校講師嘱託、ドイツ語担任。

1927(昭和2)年　38歳
　3月　　　　第一高等学校講師嘱託、法制およびドイツ語担任。
　4月　　　　中央大学講師嘱託、法律哲学担当（翌年度も同じ）。
1929(昭和4)年　40歳
　2月　　　　『国家哲学』日本評論社より出版。
　3月　　　　第一高等学校教授任命、法制およびドイツ語担任。在職中、一高基督教青年会を指導し、多くの学生に多大な感化を与えた。
　10月　　　『問題の所在』一粒（いちりゅうしゃ）社より出版。
1930(昭和5)年　41歳
　3月　　　　内村鑑三逝去。
　　　　　　この年、千駄ヶ谷教会を離れる。以後、畔上賢造（あぜがみけんぞう）の「中央聖書研究会」や、江原萬里（えはらばんり）が司（つかさど）る「鎌倉講演」を助けるなどした。
1932(昭和7)年　43歳
　4月　　　　女子学院（院長は姉三谷民子）講師嘱託、公民担任（昭和12年に至る）。
1933(昭和8)年　44歳
　2月　　　　異父兄・長谷川伸（しん）と対面。
　8月　　　　江原萬里逝去。
　10月　　　新渡戸稲造逝去。
1934(昭和9)年　45歳
　9月　　　　東京女子大学講師嘱託、法制担任（昭和18年3

月に至る)。

1935(昭和10)年　46歳

　1月　　　『法律哲学原理』岩波書店より出版。
　8月　　　三鷹西窪三谷に新居を構えて転居。
　　　　　　　にしくぼさんや

1937(昭和12)年　48歳

　12月　　『アウグスチヌス』三省堂より出版。

1938(昭和13)年　49歳

　6月　　　畔上賢造逝去。

1939(昭和14)年　50歳

　7月　　　静岡高等学校校長に任命されたが、10月病気のため辞任。
　9月　　　第二次世界大戦勃発。
　10月　　第一高等学校講師嘱託。

1940(昭和15)年　51歳

　3月　　　教友・畔上賢造『著作集』の編集・刊行責任者となり着手(昭和17年1月完了)。

1941(昭和16)年　52歳

　7月　　　岩元禎逝去。
　11月　　『知識・信仰・道徳』近藤書店より出版。
　12月　　太平洋戦争おこる。

1942(昭和17)年　53歳

　4月　　　森豊子(羽仁五郎の妹)と再婚。
　9月　　　第一高等学校講師辞任。

1944(昭和19)年　55歳
　2月17日　午後6時40分、三鷹の自宅にて歿す。
　　同20日　女子学院講堂にて告別式挙行。司会は矢内原忠雄。南原繁らが弔辞を述べた。
　3月　　　遺著『幸福論』近藤書店より出版される。
　4月　　　生前、友人と共同編纂中の岩元禎の遺稿『哲学概論』出版される。
　7月　　　遺骨を多摩墓地に埋葬。
1948(昭和23)年
　11月　　　弟・隆信氏が兄・隆正の論文・随筆等を編集した『世界観・人生観』近藤書店より出版される。
1949(昭和24)年
　6月　　　一高での三谷の講義および関係論文が門下生の手によって編纂され、『法と国家』の題で近藤書店より出版される。
1965(昭和40)年
　9月　　　『三谷隆正全集』全5巻が、南原繁・高木八尺・鈴木俊郎の編纂によって岩波書店より刊行され、翌年1月に完結。

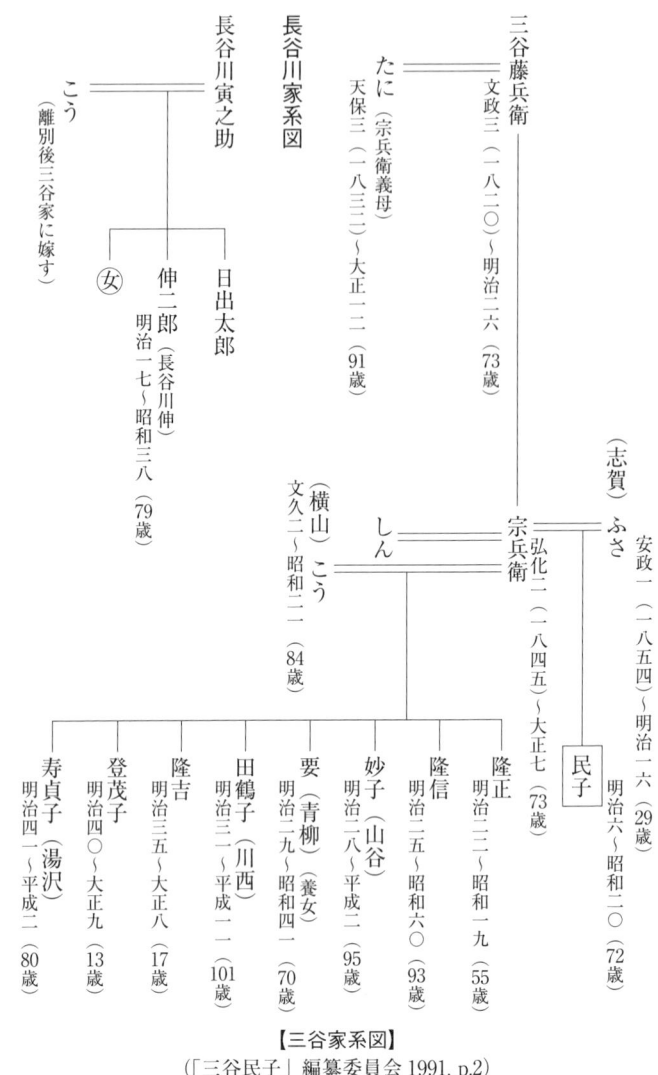

【三谷家系図】
(「三谷民子」編纂委員会 1991, p.2)

1−2 三谷隆正の生涯

ここでは南原・高木・鈴木（1966）、藤田（1977）、川西（1986）、村松（2001）を参照しながら三谷隆正の生涯を概観する。

【三谷隆正の生涯】

三谷隆正は1889(明治22)年2月6日に父・宗兵衛、母・こうの長男として生まれた。父・宗兵衛は丹後（京都府下）の旧岩滝村の出身で、その家は古くからの大庄屋であり、造り酒屋を兼ねていた。母・こうは、宗兵衛の三番目の妻であり、彼女自身も再婚であった（天達1966）。

宗兵衛・こうの間に隆正、隆信（フランス大使や昭和天皇侍従長を歴任）、妙子（山谷省吾夫人）、田鶴子（川西実三夫人）、隆吉（夭折）、登茂子（夭折）、寿貞子（湯澤健夫人）が生まれているが、これらの兄弟の母・こうは幼児を残して長谷川家を去った人（つまりは再婚者）であり、その幼児が後に長谷川伸になり、母・こうの面影を求めて名作『瞼の母』を書いたのである（矢内原伊作1998）。つまり隆正と長谷川伸は異父兄弟になるのだが、長谷川伸が、その「瞼の母（こう）」と再会し、異父弟の隆正と兄弟の交わりをするのはかなり後年、1933(昭和8)年2月、隆正44歳の時であった（長谷川1991）。

1892(明治25)年、隆正3歳の年、横浜で生糸貿易商を営んでいた父・宗兵衛の持船が沈没したことにより三谷家は破産。家族は横浜を去り、東京各地を転々とせざるを得なかった。その後、

1902(明治35)年に父・宗兵衛は郷里の丹後に引揚げてしまった。それ以降の貧窮に落ち込んだ隆正以下の弟妹の教育を経済的にも精神的にも全て支えたのが父・宗兵衛の前妻の子・異母姉の民子である。

三谷民子は東京の麹町にあるミッション・スクール女子学院に学び、そこの英文学教師ミス・ミリケンの感化によってキリスト教に入信する。後に一家の破産のため外国留学も諦めて、母校の教師となり、1927(昭和2)年から1945(昭和20)年4月1日、義弟である川西実三氏宅で逝去するまで、文字通り終生、女子学院院長として女子教育に尽瘁(じんすい)した。なお、民子は田島進牧師の牛込教会の会員であったが、教会主義を批判する無教会キリスト者・内村鑑三とも親交のあった優れた信仰者であり教育者であった(「三谷民子」編纂委員会 1991)。

1901(明治34)年4月、12歳で隆正は明治学院普通学部に入学。明治学院での寄宿舎生活が始まるが、1927(昭和2)年11月発行『明治学院五十年史』に発表された「幼年党のおもひで」(三谷 1966a)に示されているように、ヘボン館における寄宿舎生活が、如何にキリスト教徒が重視する「共同体」としての学校生活を充実させ、隆正の自由闊達な人格形成に寄与したかが窺(うかが)われる(金井 1977)。その一方で三谷は、この時期、明治学院の上級生になるにつれ、科学主義との相克で、教会が嫌になり、日曜学校も休みがちで、過去のキリスト者としての自分に疑問を抱くようになった時期でもあった。

1907(明治40)年3月に明治学院普通学部卒業、同年7月に隆

第1章 三谷隆正の思想と行動―「信仰―学問―教育」に生きた生涯から― 19

正は第一高等学校に入学した。川西実三・南原繁・森戸辰男等と同級であった。一高では新渡戸稲造校長の倫理講話から大きな感化を受けたのであるが、そのことを後に新渡戸に対する敬愛の念を込めた四篇の追憶文にまとめている。その一篇、『永遠の生命』1939（昭和14）年12月号に発表した「新渡戸稲造先生の追憶」（三谷1965a）では旧制高校教員になった契機について「いつたい私は何になつても学校教師にだけはならぬつもりでありました。なんだか教師といふ商売を虫が好かなかつた。それが大学卒業間際になつて、大決心をもつて進んで教師になつた。少し誇張して言ふと、親鸞の口真似ではないが、新渡戸先生にだまされて教師になんかなつて終(しま)つたというやうなわけであります。然(しか)したとへ欺(だま)されてゐるのでもよい、教師、少くも高等学校の教師は楽しい商売であります。殊に第一高等学校の教師は楽しい」（pp.160-161）と述べており、如何に隆正が新渡戸によって感化され、またそれに感謝しているかが垣間見える。

　一高では、もう一人の師、岩元禎教授に出会い、岩元教授の愛弟子として「基本的な大著を手がけろ、臆せず原典に当れ」（三谷1965b, p.184）という指導を受け、学問に関して「真理に対して飽くまでも謙虚なる学習の態度」（三谷1965c, p.188）を岩元教授の姿そのものから学んだ。そして「内村（鑑三―引用者、以下同じ）岩元（禎）両先生と私の肉の慈父と此(この)三人が私の半生の奨励者鼓舞者また賞美者であった。この三人がなかつたら私は私の道を歩くことが出来なかつたであらう。さうしてこの三人とも今はこの地上にいまさず」（三谷1965c, p.187）と『向陵時報』

1941(昭和16)年9月号で追懐している。

　三谷は一高で新渡戸稲造校長の紹介を受け、先の文章に登場した内村鑑三に師事する学生グループ柏会に所属した。同会の先輩には前田多門・田島道治・黒木三次・塚本虎二・藤井武・黒崎幸吉、同輩には川西実三・高木八尺、後輩では江原萬里・矢内原忠雄・金沢常雄等の諸氏がいた。終生の友人・南原繁は「白雨会」に集い、同じく内村の指導を仰いだ。一高での体験は、三谷にとって明治学院時代に煩悶したキリスト者としてのあり方の問題、神や人生について、再び真剣に省みる機会となっている。その柏会（あるいは白雨会）のメンバーであった人たちの交わりは終生続いた。因みに川西実三は三谷の妹と結婚、前田多門（戦後初の文部大臣。前田陽一・神谷美恵子実父）は金沢常雄の姉を、江原は黒崎の妹を妻となし、また藤井と矢内原は、石川県金沢の旧家である西永家の姉妹を共に娶っている。

　三谷隆正（三谷1965d）は「元来私は高等学校に入る時分、自分では勝手に文科に入ることに決めてゐた」(p.167)のだが、一家の長男としての立場上、文科志望を断念して一高英法に入った、という。そして東京帝国大学入学に際して進路の選択を新渡戸校長に相談したところ、「経済学殊に財政学を専攻するやう」(p.168)に勧められたが、三谷は「先生の限りなき御親切に驚歎しただけで、未だ見ぬ経済学乃至財政学なるものの魅力は、容易に私（自分）の心琴に触れなかつた」(p.168)ので、新渡戸校長が「若し法科を選ぶとすれば……英国の法律といふものは極めて独特のもので、学ぶに骨は折れようが確かに学ぶに値するもので

第1章 三谷隆正の思想と行動―「信仰―学問―教育」に生きた生涯から― *21*

あり、又大いに Intellectual discipline になるであろう。かう先生がおっしゃつた。先生のこの知的訓練といふ御言葉が私を捕へた。私は此(こ)言葉の意味するものに惹(ひ)かれて、大学は英法科と決めて終(しま)つた」(p.169) という。

　その後、三谷は大学在学中（2年生）に結核を患い、一年間休学して鎌倉で療養した。その費用は姉・民子が全て負担した。幸い病気は、その後快方に向かい、第一次世界大戦中の1915(大正4)年に26歳で東京帝国大学を卒業した。しかし、この病気は、その後度々(たびたび)再発し徐々に三谷の肉体を蝕(むしば)み、これが三谷に負わされた生涯の軛(くびき)となった。大学を卒業すると、多くの者が官界・実業界に就職する中で、同年9月に岡山の第六高等学校に教授として赴任した。この奉職に関して三谷自身は「一切は一高のI先生（岩元禎）が御引受け下すつてゐた」(三谷 1965d. p.170) と述べているが、後に三谷が岡山から東京に再び戻って間もない頃に、内村門下の後輩である石原兵永(いしはらひょうえい)に岡山に行った理由について語ったという。それは「僕が大学を出た頃、柏木には藤井、黒崎、塚本などの諸君をはじめ内村先生門下の先輩が大勢いたので、其間(そのあいだ)に入ってしまったのでは圧倒されて、自分の信仰や考えで歩けなくなる惧(おそ)れがある、だから自分は自分として、とにかく独りでやって見よう、そう考えたので地方の高等学校に行く気になった」(石原 1982, p.5) というものである。また、岡山では岩元の助言をいれて哲学史から始めてプラトン・カントなどの読書に没頭した（片山 1966）。そうする内に1917(大正6)年再び健康を害し、湘南の地に療養を余儀なくされた。この療養によって

三谷の信仰と思想には決定的な転機が訪れた。

この出来事を三谷は「大学を出る頃の私はどういふものかひどく東京を嫌つた。肉体的にも精神的にも東京に住まつてゐることがいやでいやでたまらなかつた。早くこんな所を去つて、もつと静かな所に往つて、何人の顔も見ずにたつた一人で存分に歩いて見たくてたまらなかつた。だから学窓を出ると早々中国の某地（岡山）に赴任することになつて、或る静かな夕方少数の親しい人々に見送られて東京を後にした時は、何とも言へぬせいせいした気持ちになつた。ごみごみした室の中からひろびろした青野原に出て来た時のような気持であつた。爾来私は数年存分に独り歩きを試み、たんのうするまで自分の臍をかへり見た（カーライルの言葉。他を省みず、自己のみを凝視するの意）。さうして行き詰つた。さうして悟らせられたことは、人生に於ていちばん大切なものがある自分を絶して他なる者であつて、決して自分自身ではない事であつた。そこで始めて私は大人になつた。それは私にとつて画期的な転向であつた。聖書が真に偉大なる書物であることを知り出したのもその時以来の事である。私の平凡な生活の流がとにかくここでどかんとひとつ滝津瀬をなして奔流した。今や私の存在理由それ自体が私より他なる者である。私の生活の意味は一にこの他者にかかつて居る。神様は絶対に私一個を超絶したまふ。すべてはその神様のためである。私一個なぞは問題にならない。唯私としての最善を用意して、それをそつくり聖前に献上すればいいのだ。さうだ、その為めの学問だ。また職業だ。私は自分の心身共にめきめきと元気づいて来たことを感じた」（三

第1章　三谷隆正の思想と行動―「信仰―学問―教育」に生きた生涯から―　23

谷1965e, pp.196-197）と述べている。

　自己凝視から突如として始まり、どん底体験とも言える、逃れる先の見えない内面的閉塞状況から一転して、三谷（1965f）は「徹底的棄私の断行」により「徹底他者への欣求(ごんぐ)」に進む『信仰の論理』への道を歩むことになるのである。この「画期的な転向」は三谷のその後の人生の歩みを大きく転換させた回心（conversion）の体験と位置付けられるが、その証左として上掲の著書『信仰の論理』の最後を「私の一生の大野心(アムビション)は自己に死ぬ事である。而(しか)して他者裡(り)に甦(よみがえ)る事である。それ以外の野心を持た度くないものと思ふ。願はくば此(この)小著が、何人かの胸の裡(うち)に、同じ大望の焔(ほのお)をあほり得んことを」（p.100）と結んでいる。

　1923（大正12）年、34歳の時、三谷は一大決心をもって結婚を敢行した。「敢行した」と言うと大袈裟に聞こえるが、次の文を読むと、その表現も大袈裟ではないことがわかる。それは「家庭団欒(だんらん)」という随筆の中にあり、「結婚は私にとつては乾坤一擲(けんこんいってき)の大冒険であつた。私が自分の一生の使命と信じて居(い)る学問、それをさへ場合によつては妻子のために犠牲にしよう、さうする方が百巻の大著を完成するよりも、より真理に徹したる生き方である。さう覚悟して後初めて、私は敢(あ)へて一人の婦人を己(おの)が妻とすべく決意する事ができたのであつた」（三谷1965g, p.208）というものである。

　しかし、三谷にとって「家庭団欒」の時間は悲しいかな余りにも短かった。結婚の翌年に誕生した長女・晴子は生後三週間で夭折(ようせつ)し、その後を追うようにして新婚の妻・菊代も結婚後僅(わず)か一

年半で天国に召された。この時、三谷自身も高熱の病床にあって危険な状態にあり、妻の臨終にも立ち会うことが出来ず、第六高等学校の三谷の教え子たちの手によって妻の柩が運び出されるのを床に就いたまま黙々と見送るだけであったという（守谷1966）。三谷は昇天した妻子を偲んで「君逝きて　この秋をなみだ　しげけれど　さやけきひかり　天にあふるる」「天の川　親星子星　百千星　ちさく紅きは　嬰児　星かも」（三谷1965g, p.207・p.209）と詠んでいる。

　三谷は、この愛する者たちとの「死別によつて初めて人一人の持つ全重量を知るに至つた。人一人はそれが愛の衡を以て量らるる時、いかに絶大なる重さをもつものである事か。私はそれによつて初めて愛といふものを知つた。愛とは個を愛惜することである」（三谷1965e, p.199）と述べている。この耐え難き苦難から2年後、1926（大正15）年に出版された三谷の処女作『信仰の論理』は、このような三谷の存在の根底を揺るがすような出来事をきっかけとして難産の末、生まれたものである。その証左として『信仰の論理』の「はしがき」で「予をして此上梓を企図せしむるに到つた直接の動因は、逝ける妻と子とに対する記念の手向草を得まほしく思つたことによる。読者よ、予のこの私情をゆるしたまへ」（三谷1965f, pp.6-7）とある。

　1926（大正15）年、第六高等学校を辞任して再び東京に戻った三谷は、昔日の面影もない程にやつれていたが、その後、旧制静岡高等学校や東京外国語学校で教壇に立ち、1927（昭和2）年から母校第一高等学校で教えるようになった。三谷は岡山では同市の

日本基督教教会に所属し、上京後は友人・中川景輝が牧師をしていた千駄ヶ谷教会に所属し長老に選ばれたが、教会観をはじめ、信仰の根本において妥協できない相違を痛感するようになった。そして1930(昭和5)年に教会を去っているが、中川との親しき交流は終生続いた（中川1966）。三谷自身は千駄ヶ谷教会を退会した時の経緯について「教会的信仰と無教会的信仰といかに根本的に乖離(かいり)するかを深刻に経験した。無教会的信仰を持つ者が教会に属し、教会を援(たす)けるといふことは全く不可能である。それができると思つた私は甚(はなは)だしく認識不足であつた」（三谷1966b, p.298）と述べている。

そして、1930(昭和5)年3月に内村鑑三が昇天した後、内村の弟子で他の弟子とは異なり私学を苦学して卒業して独立伝道の道に入っていた畔上賢造の聖書研究会に出席するようになった。それは畔上を友人として助けたいという気持ちもあったが、それ以上に畔上から自分たち一高・東大と歩んできたエリートにはないものを学ぶためだった（藤本1966）。

このキリスト者としての活動の転換の契機となったのは、やはり師・内村鑑三の死であろう。三谷は1930(昭和5)年と1933(昭和8)年に、他の友人たちと内村記念講演会の講壇に立った。それは次の三回であるが、それぞれに上の転換の決意を感じさせる発言がある。

① 1930(昭和5)年5月29日、「内村鑑三先生記念講演会」において「内村先生との初対面」と題して演説。内村から「何が人生に於(お)いて一番大切か」と問われた一学生が「道ではな

いでしょうか」と答えたことに対して、内村が「道も大切である。然(しか)し道より以上に、その道を歩く力が大切であらう!」と返したエピソードを語っている（三谷1965h）。

② 1933(昭和8)年3月26日、東京の「内村鑑三第三周年記念講演会」で「地上の国」と題して演説。その一節に「現に私達の周囲にある隣人たちを相手にし、彼等に向つて働きかけるより他に途(みち)はない」とある（三谷1965i）。

③ 1933(昭和8)年4月3日、大阪電気クラブに於(お)ける「内村鑑三第三周年記念講演会」で「勢力とは何ぞや」と題して演説。その一節に「最も深刻に現実なる人生の実相を直視し、人生に関して徹底的な態度をとるものが基督教(キリスト)であります」（三谷1965j）とある。

1938(昭和13)年1月には新任の橋田邦彦校長の下で一高の教頭に就任。第六高等学校での教え子・鱸(すずき)正太郎氏宛書簡（昭和13年1月6日付）で三谷は「一高ではこの八日小生が教頭に就任の事に発表の筈(はず)。現下校内の事情已むなしと考へて敢(あ)へてこの不健康体を以て斯の大役を買つて出ました。果していつまで任に耐へ得るか問題であります。然し是(これ)も何かの意義のあることだらうと考へてゐます。しばらく読書と執筆とを休まざるを得ませんが、又そのうち今度は著述に専念するやうな時機も与へらるることと期待してゐます」（三谷1966c）と述べている。ところが、1939(昭和14)年7月には、この橋田校長の推薦で旧制静岡高等学校校長に任命された。三谷は健康上の理由でこれを固辞した

が、かなわず、同年 10 月に病気のため正式に辞任、一高の方も講師になった。1940（昭和 15）年 3 月には病身をおして、『畔上賢造著作集』発行の責任者となり、1942（昭和 17）年 1 月に、これを完了させた。

1942（昭和 17）年 4 月、隆正 53 歳で羽仁五郎の妹・森豊子と親しい人々の祝福の洪水の中で再婚。同年 9 月、第一高等学校講師辞任。この頃、東京大学第二工学部造兵学科専攻の学生であった高橋三郎氏の懇願を受け、自宅で聖書集会を始める（高橋 1966）。これは翌 1943（昭和 18）年 12 月、三谷の健康が悪化するまで続いた。そして健康が悪化しても、衰えた体力で『幸福論』の原稿を書き継ぎ、これを完成して印刷所に廻し、校正用のゲラを一目見ただけで 1944（昭和 19）年 2 月 17 日三鷹の自宅で病歿した。55 歳であった。周知の如く翌年は終戦の年である。もし健康が許せば「学問論」「国家論」「天国論」と書いていき、『幸福論』と合わせて四部作にする夢があったが、それは叶わなかった（三谷豊子 1966）。

2. 三谷隆正の思想と行動

三谷隆正の生涯をただ年表の上から俯瞰すれば、それは順調にアカデミックな道を歩んだ人ということになるだろう。一高・東大と卒業し、現在の東大教養学部の前身である旧制第一高校の教授を務めた彼は現代的には正にアカデミック・エリートであったかのように見える。数的には多いとは言えないが、確かに優れた

法哲学者としての業績、珠玉の論考も遺されている。三谷を「学問に生きた人」ということに異論を挟む余地は無い。しかし、三谷の生涯を特徴付けるものは、三谷にとって「信仰に生きること」「学問に生きること」「教育に生きること」は一つのことであり、それがすなわち三谷隆正というホリスティック（holistic）な存在がもつ三つの位相であるという視点である。

その三谷の生涯は、少年期から青年期にかけて芽生えたキリスト教信仰に立脚して、聖書の福音から離れることなく、人間的に成熟し、その思想を深めるにつれ、聖書の真理を把握し、彼の所謂（いわゆる）「絶対他者」たる神への信仰は強固になっていき、聖書真理の証人として生涯歩み続けた道程であった。三谷自身の言葉によれば「他者に徹しつつ他力の基礎の上に自力を溶かしこむ」（三谷 1965k, p.85）生き方であった。

その中核にあったのは、生涯を通じて病弱であったことによる「弱き者」「最も小さき者」としての自覚であったと考えられる。聖書による「最も小さき者」とは、神が選ばれた「世の愚なる者」「世の弱き者」「世の卑しき者」「軽んぜられる者」「無きが如き者」（コリント人への前の書・第1章27節28節）であるが、より具体的には、子ども、女性、病気の人、障害のある人、飢えている人、身体を売る人、罪人、奴隷、取税人、羊飼い・豚飼いなどの牧畜人、行商人、小売商人、日雇い労働者、門番・女中・給仕などの奉公人、サマリア人、異邦人などを指す。それらの人びとは、才能、財産、地位、教養も無く、強い者から、疎（うと）んじられ、蔑（さげす）まれ、虐（しいた）げられ、痛みつけられ、押し潰（つぶ）されていて、いわ

第1章 三谷隆正の思想と行動―「信仰―学問―教育」に生きた生涯から―　*29*

ば一見、自分の内にも外にも自分を支え衛る力が見いだせない人びとである。三谷は自ら「最も小さき者」として、それだからこそ強固に「他者に徹しつつ他力の基礎の上に自力を溶かしこむ」生き方がとれたのだと思われる。

　また、妻子を相次いで亡くすという過酷な運命により「回心」にいたり、その回心は生涯続いたと考えてよいのではないかと思われる。回心とは、自己に目覚め、自身が新しく生まれ変わる宗教体験である。別の表現をとれば、自分がただ生きているのではなく、卑小な自己を超える「大いなる他者」（絶対他者＝神）によって「生かされている自分」の自覚である。その実存的体験が三谷の中で質的にコンバージョンし、それはその後の生涯にわたって三谷という存在の底流を流れ続け、自分が主体的に「どう生きるか」への生命力の源になったのではないかと思われる。「他者に徹しつつ他力の基礎の上に自力を溶かしこむ」人生、それは「旧き自分を壊して、新しき自分を創る」弛まぬ内界及び外界の「新生」により可能になることであろう。それは彼の思想と行動が不即不離の関係になっていったプロセスと重なっており、その意味で三谷は真に「信仰に生きた人」であると言える。

　一方、三谷の教育者としての側面も見落とすことが出来ない。それは先述した静岡高等学校校長に任命された時、三谷が「自分の使命は栄職について教育行政などに働く事でなく、母校（旧制第一高等学校）の平教師として直接青年に接触しながら教育する事にある」（山田 1965, p.9）と述べて固辞したエピソードなどに象徴的である。三谷は、地位や名誉や富を求めず、自分に厳しく、

かといって孤立せず、他人に優しく、周りの人々と調和しながら、独立独歩の教育者としての道も歩んだのである。

大野（1965, p.5）は一高時代の三谷を回想し、三谷教授は「優等生であれ、劣等生であれ、一人の人格として、相手の人間を大切にする心づかいが、言葉のはしはしにあふれていた。不正を看破して断乎として排する明敏と、同時に、人間の根深い悲しみにも共感できる愛情がそこにあった。あるいは、真理が、道理が生きてそこに具現していたといってもよい」と追想している。それを裏付ける言葉として三谷自身も「人と人と相生（あい）くとは、人と人と互に他を人と尊びつつ生くることである」「人と人と相生くること、即（すなわ）ち自ら人として生き、他をまた人として尊重しつつ、この自他に於（お）ける人間値尊重を互の生活交渉の間に実現せんとする」（三谷 1965l, p.198）ことである、と述べている。

これは言い換えれば、コンパッション（compassion）の教育の実践、更にはコンパッショネイト（compassionate）に人と関わりながら生きていくことの実践である。コンパッションとは、一般には「思いやり」、宗教界では「憐れみ」と翻訳されている言葉だが、神学者で司祭であった H.J.M. ナウエン（Henri J.M. Nouwen）によって次のように更に明確に解説されている。「コンパッションという言葉は、ラテン語の pati（苦しみに耐える）と cum（共に）からなり、この二語を組み合わせて『共に苦しみに耐える』ことを意味する。コンパッションは、何者かが傷ついている状況へと赴（おもむ）かせ、痛みを負っている他者の立場へと入っていかせ、失意や恐怖、混乱や苦悩を他者と分かち合うよ

第1章 三谷隆正の思想と行動―「信仰―学問―教育」に生きた生涯から― 31

うにさせる。コンパッションは、悲惨の渦中にある人と共に声を出して一緒に泣いたり、孤独に苦しむ人と共に一緒に悲しみを共有したり、咽び泣く人と共に涙を流すことを私たちに促す。それはまた、弱い人と共に弱くなり、傷ついた人と共に傷つき、無力な人と共に無力になることを要求する。コンパッションは人間存在の本質に完全に浸りきることを意味する」(McNeill, D.P., Morrison, D.A., Nouwen, H.J.M. 1983, p.4)。

　鈴木（1965）によれば、「真理は汝らを自由にするであろう」というイエス＝キリストの言葉通り、その「真理」をイエスの福音それ自体と解するならば、キリストの福音は真の自由者を生み、真の自由者とは真に自由なる行為者であると考えられる。したがって三谷隆正は真の自由者＝行為者であったことになる。これは三谷の思想と行動が表裏一体のものとなっていった過程を見事に表現している。三谷は「信仰と道徳との関係について」の中で「実践的なる生きざまの問題が、信仰にとりても道徳にとりても、共通の根本的重大問題である」（三谷1965k, p.77）と述べている。文中の「道徳」とは三谷にとっては信仰にも学問にも教育にも共通している「道義的実践行動」の意味である。つまり、「信仰に生きること」「学問に生きること」「教育に生きること」は、三谷隆正の生涯の中では一体のものである。換言すれば、三谷隆正という一つの人格のもつ三つの側面、すなわち「信仰―学問―教育」は三位一体的なものなのである。

　三谷隆正の師の一人・内村鑑三は1894(明治27)年の講演「後世への最大遺物」の中で次のように述べていると解説者の鈴木俊

郎（1964, p.105）は要約している。「われわれが五十年の生命を託したこの美しい国、このわれわれを育ててくれた山や河、われわれはこれに何も遺さず死んでしまいたくない、何かこの世に記念物を遺して逝きたい、それならばわれわれは何をこの世に遺して逝こうか、金か、事業か、思想か、これいずれも遺すに価値あるものである、しかしこれは何人にも遺すことのできるものではない、またこれは本当の最大の遺物ではない、それならば何人にも遺すことのできる本当の最大遺物は何であるか、それは勇ましい高尚なる生涯である」。三谷は「汝自身たれ」という文章の中で「私が私として此大宇宙に貢献し得る最大の業績は、私が私自身である事である」（三谷1965e, p.194）と述べている。上の文章中の「勇ましい高尚なる生涯」、それは正に三谷隆正の人生であったと言えるのである。

おわりに——まとめにかえて

　三谷隆正の生涯を鑑みる時、外界に発する「光の輝き」の強さと共に、内界にある「闇の深淵」の深さを感じさせる。その両者は一方が強くなればまたその一方も強くなる関係にある。つまり、三谷の闇が深くなればなるほど、三谷の光も外に強く放射されたと考えられる。三谷の闇とは、終生の病弱、妻子の死、キリスト者としての煩悶、かけがえのない師・友人・知人・教え子との別れなどにより深められたものだが、それは自らが「最も小さき者」として覚醒し、「絶対他者」への帰依により再び「自己」

として甦(よみがえ)るための修行ともいえるプロセスであった。三谷隆正という人格を経て昇華された思想は、具体的他者（人間）へのコンパッショネイトな関わりとして具現化する。

　それは三谷の人生の具体的な状況に即して言えば、敬虔(けいけん)なキリスト者としての側面、鋭敏な法哲学の研究者としての側面、そして優れた教育者としての側面として浮かび上がってくる。これらの三つの側面は三谷の別々の人格的側面というよりは、部分に分割できない三谷隆正というホリスティックな存在がもつ三つの位相である。言い換えれば、三谷にとって「信仰に生きること」「学問に生きること」「教育に生きること」は一つのものであり、それは三谷隆正の生涯を貫く基本的姿勢として後世の者に「勇ましい高尚なる生涯」と認知され得る「信仰―学問―教育」三位一体の生き方、すなわち彼の思想と行動が表裏一体なものになっていった過程であった。

　最後に今後の課題であるが、三谷隆正に絶対的な影響を与えた三人の師、すなわち内村鑑三・新渡戸稲造・岩元禎と三谷との関わりについての検討を行いたいと考える。これについては、次章に譲りたい。

参考文献

天達文子（1966）「隆兄さんに手紙を書くまで」南原繁・高木八尺・鈴木俊郎（編）『三谷隆正―人・思想・信仰』岩波書店、pp.360-365。

藤本正高（1966）「三谷隆正先生の友情」南原繁・高木八尺・鈴木俊郎（編）『三谷隆正―人・思想・信仰』岩波書店、pp.101-105。

藤田若雄（編著）（1977）「三谷隆正」『内村鑑三を継承した人々・下巻』

木鐸社、pp.7-10, pp.195-226。

量義治（1989）「三谷隆正」『無教会の展開―塚本虎二・三谷隆正・矢内原忠雄・関根正雄の歴史的考察他』新地書房、pp.95-151。

長谷川伸（1991）「『瞼の母』再会の記」『ある市井の徒―越しかたは悲しくもの記録』中央公論社、pp.266-288。

石原兵永（1982）「三谷隆正先生」『忘れ得ぬ人々―内村鑑三をめぐって』キリスト教図書出版、pp.1-16。

金井信一郎（1977）『明治学院百年史』学校法人・明治学院。

片山徹（1966）「三谷隆正先生の岡山時代」南原繁・高木八尺・鈴木俊郎（編）『三谷隆正―人・思想・信仰』岩波書店、pp.148-152。

川西実三（1986）「三谷隆正君略歴」『北海道哲学会会報』33、pp.15-18。

McNeill, D.P., Morrison, D.A., Nouwen, H.J.M. (1983) *Compassion, a reflection on the christian life*. New York, London, Toronto, Sydney, Auckland : Doubleday.

三谷隆正（1965a）「新渡戸稲造先生の追憶」『三谷隆正全集・第4巻』岩波書店、pp.160-166。

三谷隆正（1965b）「岩本禎先生光来」『三谷隆正全集・第4巻』岩波書店、pp.182-185。

三谷隆正（1965c）「岩元禎先生を憶ふ」『三谷隆正全集・第4巻』岩波書店、pp.186-188。

三谷隆正（1965d）「背きの思ひ出」『三谷隆正全集・第4巻』岩波書店、pp.167-171。

三谷隆正（1965e）「汝自身たれ」『三谷隆正全集・第2巻』岩波書店、pp.193-203。

三谷隆正（1965f）「信仰の論理」『三谷隆正全集・第1巻』岩波書店、pp.1-100。

三谷隆正（1965g）「家庭団欒」『三谷隆正全集・第2巻』岩波書店、pp.204-209。

三谷隆正（1965h）「内村鑑三先生との初対面」『三谷隆正全集・第4巻』岩波書店、pp.147-151。

三谷隆正（1965i）「地上の国」『三谷隆正全集・第 4 巻』岩波書店、pp.421-428。

三谷隆正（1965j）「勢力とは何ぞや」『三谷隆正全集・第 4 巻』岩波書店、pp.429-436。

三谷隆正（1965k）「信仰と道徳との関係について」『三谷隆正全集・第 2 巻』岩波書店、pp.71-110。

三谷隆正（1965l）「法律哲学原理」『三谷隆正全集・第 3 巻』岩波書店、pp.137-351。

三谷隆正（1966a）「幼年党のおもひで」『三谷隆正全集・第 5 巻』岩波書店、pp.263-272。

三谷隆正（1966b）「返礼の句」『三谷隆正全集・第 5 巻』岩波書店、pp.295-302。

三谷隆正（1966c）「鱸正太郎氏宛・昭和 13 年 1 月 6 日付・封書」『三谷隆正全集・第 5 巻』岩波書店、pp.512-513。

『三谷隆正の生と死』刊行委員会（編）（1990）『三谷隆正の生と死』新地書房。

「三谷民子」編纂委員会（1991）『三谷民子―生涯・想い出・遺墨』女子学院同窓会。

三谷豊子（1966）「思い出」『三谷隆正全集・月報 5・第 5 巻』岩波書店、pp.10-12。

守谷英次（1966）「恩師三谷先生」『三谷隆正全集・月報 5・第 5 巻』岩波書店、pp.3-6。

村松晋（2001）『三谷隆正の研究―信仰・国家・歴史』刀水書房。

村松晋（2004）「近代日本の歴史意識をめぐる一考察―三谷隆正を事例として」『東京家政学院筑波女子大学紀要』8、pp.234-226。

中川花代（1966）「三谷先生の信仰と友情」南原繁・高木八尺・鈴木俊郎（編）『三谷隆正―人・思想・信仰』岩波書店、pp.134-138。

中村義之（1979）「三谷隆正の幸福論」山田孝雄（編）『世界の幸福論』大明堂、pp.151-159。

南原繁（1966a）「思想・信仰・人生―三谷隆正をめぐって」南原繁『南原

繁対話・民族と教育』東京大学出版会、pp.216-243。

南原繁（1966b）「三谷隆正年譜」『三谷隆正全集・第5巻』岩波書店、pp.727-736。

南原繁（1973）「三谷隆正君」『南原繁著作集・第10巻』岩波書店、pp.282-319。

南原繁・高木八尺・鈴木俊郎（編）（1966）『三谷隆正―人・思想・信仰』岩波書店。

大野晋（1965）「三谷先生と私」『三谷隆正全集・月報4・第4巻』岩波書店、pp.3-6。

鈴木俊郎（1964）「解説」内村鑑三『後世への最大遺物　デンマルク国の話』岩波書店、pp.103-111。

鈴木俊郎（1965）「自由者　行為者」『三谷隆正全集・月報2・第2巻』岩波書店、pp.6-8。

高橋三郎（1966）「三谷隆正先生との出合い」南原繁・高木八尺・鈴木俊郎（編）『三谷隆正―人・思想・信仰』岩波書店、pp.116-119。

高尾正男（1967）「三谷隆正の信仰と思想」『関西大学法学論集』16（4・5・6）、pp.259-290。

武田清子（1997）「三谷隆正の『幸福論』」『私の敬愛する人びと―考え方と生き方』近代文芸社、pp.133-143。

鵜沼裕子（2000）「三谷隆正―その信仰と思想に関する一考察」『近代日本キリスト者の信仰と倫理』聖学院大学出版会、pp.119-139。

和田博文（1986）「三谷隆正の思想」『北海道哲学会会報』33、pp.10-15。

山田幸三郎（1965）「真理の証人」『三谷隆正全集・月報1・第1巻』岩波書店、pp.8-10。

山田幸三郎・藤本正高・高橋三郎・中川晶輝（1964）『真理の人―三谷隆正先生』待晨堂。

矢内原伊作（1998）『矢内原忠雄』みすず書房、p.175。

矢内原忠雄（1965）「三谷隆正」『矢内原忠雄全集・第25巻』岩波書店、pp.71-84。

第2章

三谷隆正と三人の師
―内村鑑三・新渡戸稲造・岩元禎―

はじめに―問題の所在

　三谷隆正が内村鑑三・新渡戸稲造・岩元禎という三人の師に私淑したことは周知のことである。また、内村からは「信仰」を、新渡戸からは「教養」を、岩元からは「学問」を学んだという。しかし、三谷隆正は、それら三つの要素をばらばらにわが身に吸収したのではなく、三谷隆正という一つの人格の中に、それを受容・統合し、更には、それを己が人生において生かしていく道を辿ったのである。三谷の死後、追悼文を綴った政池（1965）は、そのことを文中に次のような詩を書いて表現している。

　　　神の宮の知識の門を彼は護った。／　彼、この門に立てば、／
　　禁断の果を食いしアダムの子らの　／　何人もここを侵し
　　得なかった。／　いな、彼らを追撃して、／　彼は神のため
　　に一つの砦をさえ築いた。／　エホバ、智慧聰明の霊を彼に

与え、／　その頭脳は曇りなき水晶の如く、／　その言は光りかがやく珠玉にも似た。／　魔軍これを聞いておそれおののき、／　迷える子羊は慰めと力とを得た。

しかも冷静なる頭脳と該博なる智識とは　／　その胸に秘められたる　／　熱き激しき信仰の従僕であった。／「神は言わば私の初恋である」と。／　それ程に強く熱く、／　彼は神に愛せられまた神を愛した。／　カントを解して　／　カントになき熱を蔵した。

宝は土の器に盛られる事もある。／　しかし彼の場合、／　器はその内容にふさわしかった。／　信仰の玉は人格の箱におさめられ、／　人格の箱は学問のふくさに包まれた。／　内村の信　／　新渡戸の人格　／　岩元の哲　／　三者を兼ねそなえて、／　藍より出でし青の如く　／　弟子はその師等をはづかしめなかった。

明らかなるその眼は　／　山中のたたえし湖の如く、／　ただ天のみを仰ぎ、／　人の善のみを見た。／　この世の暗光はこの窓より入らぬ故、／　その扉より悪声の発するを聞いた耳はなかった。

誠に人は彼の前にあって　／　神の近くにい給うを覚えた。／　その正しき理論よりも彼の存在そのものが人に神を感ぜしめた。／　彼は今彼のいるにふさわしき処に移された。

第2章　三谷隆正と三人の師―内村鑑三・新渡戸稲造・岩元禎―　39

　この詩は本章の目指すべき点を集約的に表現していると思われる。特に「信仰の玉は人格の箱におさめられ、人格の箱は学問のふくさに包まれた。内村の信　新渡戸の人格　岩元の哲　三者を兼ねそなえて、藍より出でし青の如く　弟子はその師等をはづかしめなかった」の部分が関連深いが、本章では、三谷の人生に沿った形で考察した前章「三谷隆正の思想と行動」を補完する意味で、まず三谷隆正の思想形成に大きな影響を与えた三人の師それぞれと三谷との思想的かかわりを述べた上で、更には、その三師の思想を三谷が自己の内面で如何に統合し、その統合された思想を如何に自分の人生の中で熟成させていったかの考察を試みることを目的とする。

1. 三谷隆正と三人の師

　本節では三人の師それぞれの略歴を述べた上で、それぞれの師と三谷との思想的かかわりを考察したい。

1−1　内村鑑三

【内村鑑三・略歴】（小原 1998）
　内村鑑三 1861（万延 2）年‐1930（昭和 5）年　キリスト教の独立伝道者であり、近代日本の思想家でもある。高崎藩士・内村宜之の長男として江戸に生まれる。時代の激変のため十代で家督を継ぎ父母・兄弟の面倒をみる。東京語学学校を経て「少年よ大志を抱け」で知られる W.S. クラークの札幌農学校の二期生として札幌で

学び、近代日本の夜明けにまぼろしを見た。同級に新渡戸稲造や宮部金吾がいる。札幌での入信後、米国アマースト大学留学中に J.H. シーリー総長の感化で回心する。維新による没落した武士の子弟が、鎖国から開国に移る過渡期にサムライからクリスチャンになるさいの葛藤は多くの読者に感銘を与えた。日本思想史上異色のジャーナリストである。

帰国後、第一高等学校在職中に「教育勅語」の末尾にある天皇の署名（宸署(しんしょ)）に最敬礼をしなかったため「不敬事件」を起こし窮地にたつ。その後日露開戦に対する「非戦論」でも知られるなど、いくたの出来事のなかで、たえず自己の実存を賭けた実験的な発言によりキリスト教信仰を祖国の現実の生きた状況のなかでとらえつづけた。『万朝報(よろずちょうほう)』では幸徳秋水・堺利彦らとともに論壇にたち、マスコミの寵児として社会評論でも活躍する。基本的には市井(しせい)にあって平信徒の文筆活動による聖書の研究に没頭し、〈無教会主義キリスト教〉の提唱者となる。教会をもたず、職業的伝道者とならず個人の月刊誌『聖書之研究』で地方の読者を含む多くの読者に感化を与えた。あくまでもキリスト教の福音信仰を正視して「文明は宗教にあらず」と説き、外来宗教の欺瞞(ぎまん)性をキリスト教国のキリスト教を批判するかたちで説いた。1900（明治33）年から1930（昭和5）年の没年まで『聖書之研究』で続けた聖書講義とその交わりを、「紙上の教会」とみなした。聖書の研究に生涯をかけ、すべてのテーマを聖書との関連で説くとき、彼の語るものは、預言者的人生論やキリスト教的文学となり、世界平和論・キリスト教歴史哲学・詩的エセーと化して多くの読者をとらえた。日曜毎の聖書講義は『ヨブ記』や『ロマ書』講演が話題をよび、会堂に人があふれた。ただ彼は、人に信仰を勧めて信者をつくる伝道者ではなく、キリスト教信仰の制度化・儀式化をたえず警戒した。

内村の墓碑銘は、日本的キリスト教の可能性を模索した、独創的な信仰を象徴的に示しながら、彼の抱く「まぼろし」と「いの

り」を簡潔に描いている。"I for Japan; Japan for the World; The World for Christ; And All for God" という雄大な構想をもつ。内村独特の信仰の論理とは、根源的な福音信仰こそが、既存のキリスト者と一線を画すパワーの源泉だというのであり、ルターやキルケゴールにつながる宗教改革の為直し論として、信仰に二代目なしと明言した。キリスト教という外来の異質な宗教との出会いを、一人の日本人として日本的エートスとの関わりで問いつづけ、祖国日本にはみかけの絶望のなかになお希望があり、そのための覚醒を説く熱意は、しばしば英文の著作の形をとることがあり、既存のキリスト者とは別のかたちで生きる愛国的キリスト者のよきサンプルとなった。『余は如何にして基督信徒となりし乎』や『代表的日本人』はもともと英文の著作であることを思うと、内村的発想のもつスケールが了解される。

三谷隆正は、一高の新渡戸稲造校長の紹介を受け、1909（明治42）年秋に柏木の内村鑑三宅の門を敲き、教えを仰ぐこととなった。内村の信仰は「無教会キリスト教」と後に呼ばれる「純福音主義」の立場に立つものであった。その純福音主義の中核思想の一つに「贖罪論」があるが、三谷に最も影響を与えたのが、この内村鑑三の「贖罪論」である。

内村の贖罪論は、特にその著書『求安録』（松沢1984）の下篇「贖罪の哲理」で展開されている。同書の上篇では、内村の内面の心の悩みと分裂、すなわち罪の問題、次にそれからの脱罪術（リバイバル・学問・天然の研究・慈善事業・神学研究・神学校）および忘罪術（ホーム・利欲主義・オプティミズム）が述べられている。しかし、上篇で試みた学問や事業や家庭などに救いを求

めても結局効果がなかったとし、下篇では、改めて、罪の原理を説き、信仰によってのみ初めて救いが得られ、失われた楽園が回復されるとしているのである。

それでは内村の贖罪論とは如何なるものであっただろうか。関根（1967, p.78）は次の三点にまとめている。それは第一に、客観的な面においては「人類連帯説」、すなわち人類は連帯責任をもって結ばれている、したがって一人の人の罪はすべての人間に及び、一人の人の完全な義に万人が与(あずか)ることができる、という考え方である。第二に、主観的な面においては「感化説」、すなわち義人（イエス＝キリスト）を人々が処刑したことは人をして人類の罪を知らしめ悔改(くいあらた)めへと感化する、「義人の死にまさる勢力の世に存するなし」、という考え方である。そして第三に、客観・主観の両面を併せ持つ「法律代償説」である。神の義は人の不義を不問に付すことはできない。これを罰せずにはおかない。その罰を人としてのキリストに下し、神は彼を捨てた。キリストが他の全人類に代わって罪の償いをしたため、我々は神から罪を赦(ゆる)された。このような法律的に筋の通った赦免の宣言がなければ、罪と真剣に戦っている誠実な人間は福音を信じることはできないと考えるものである。

以上から、内村の贖罪論は、自らの人生を一つの材料とした「信仰の論理」を求める実験であったとも言えるのである。それが自叙伝的に更に具体的な形を持って書かれたのが『基督信徒のなぐさめ』（内村 1939）であろう。三谷は『聖書講義』1940（昭和 15）年 4 月号に寄稿した「罪の意識の喪失」（三谷 1965a）の

第2章　三谷隆正と三人の師―内村鑑三・新渡戸稲造・岩元禎―

中で同書を挙げ、この書で内村は神の実在を自明のこととした上で、その神が存在するのなら、なぜ自分の愛するものが奪われたのか（妻・加寿子の死）、神が義であり愛であるのならば、なぜこの世では正義の人が責められ、誠実な人が排斥されるのか（第一高等中学校不敬事件により職を奪われ窮境に陥ったこと）、さらには、なぜ神は人類或いは自分に対して、このような態度をとるのか、という根本問題を提起していると三谷は述べている。それに対する答えは「罪の意識」の覚醒にあると三谷は上の文章を結んでいる。

「罪の意識」に覚醒するとは、イエス・キリストの十字架上の死、すなわち贖罪の思想と真に邂逅することである。それは『知識・信仰・道徳』に収められた三谷（1965b）の「贖罪論」という文章によれば、そのイエス・キリストの十字架上の死、すなわち贖罪による救済は「厳正にして一歩も仮借する所なき義と、広大にしてつつまざる所なき愛との円現である。神の義と愛との力強き実行交響である」(p.170)。つまり三谷にとり内村の贖罪論には「宇宙的道徳秩序の厳正の保障、而して又同時に人類の真に自由にしてそれだけ純粋に道徳的なる回心の機縁」(p.170)になる力が秘められていたのである。つまり、内村の多分に個人的な「信仰の論理」への実験を、三谷は法哲学者・キリスト者を融合させた立場から昇華させ、より普遍的な「信仰の論理」への道筋を示したのである。

しかし、三谷が受け継いだ内村の贖罪論は、単なる観念的思弁的なものではなかった。三谷が結婚した翌年に誕生した長女・晴

子は生後三週間で夭折し、その後を追うようにして新婚の妻・菊代も結婚後僅か一年半で天国に召されたのである。三谷は、この愛する者たちとの「死別によつて初めて人一人の持つ全重量を知るに至つた。人一人はそれが愛の衡を以て量らるる時、いかに絶大なる重さをもつものである事か。私はそれによつて初めて愛といふものを知つた。愛とは個を愛惜することである」（三谷1965c, p.199）と述べている。

この耐え難き苦難から2年後、1926（大正15）年に出版された三谷の処女作『信仰の論理』は、このような三谷の存在の根底を揺るがすような出来事をきっかけとして、難産の末、生まれたものである。その証左として『信仰の論理』の「はしがき」で「予をして此上梓を企図せしむるに到つた直接の動因は、逝ける妻と子とに対する記念の手向草を得まほしく思つたことによる。読者よ、予のこの私情をゆるしたまへ」（三谷1965d, pp.6-7）とある。奇しくも師の内村と同じ体験（肉親の死）を余儀なくされたのである。信仰が自らの人生の中に含まれ、また逆に人生が信仰の中に含まれる生き方をした両者にとり、生きていくことは、イエス＝キリストが全人類の罪を一身に背負って十字架上に死んだこと、すなわち「罪の贖い」と共に生きることであったのである。

1−2　新渡戸稲造

【新渡戸稲造・略歴】(黒住 1998)
　新渡戸稲造　1862(文久2)年－1933(昭和8)年　明治から昭和前期のキリスト教思想家・教育家。幕末青森の開拓者として有名な伝の孫として生まれた。札幌農学校で W.S. クラークの感化により内村鑑三とともに受洗しキリスト者となった。東京大学での勉学に失望してアメリカに留学するが、一般のキリスト教に懐疑をもち、クェーカーの信仰に出会ってはじめて「キリスト教と東洋思想とを調和することができた」という。クェーカー主義の立場から、正統的な聖書主義・贖罪主義に固執せず、すべての人の内なる光を重んずる。内村鑑三の無教会主義とは違った直観主義の立場による、外的な制度や文化ののりこえと東西思想止揚の思想だといえよう。新渡戸は、内なる光として神秘的直観を信仰するが、それは現世離脱ではなく、実際的な現実へとふりむけられ、人類への共感的な平等観および個々人の内的向上をもたらす理念となっている。農学・法学・殖産政策などの学問業績、女性や青少年への教育、東西の対立融和のための活動などは、こうした立場から出てきたものであった。
　有名な『武士道』(1899)は対西欧社会向けに、日本人の道徳的諸伝統を武士道を典型として説き明かした一種の弁明の書であるが、比較思想的ないし普遍主義的観点に立ち、必ずしも武士道を宣揚してはいない。しかしその影響ゆえに、近代日本内外で「武士道」神話の始祖となった面がある。著作には、一般向けの平易な啓蒙書が多く、人格主義・内面主義の立場から修養・教養に基づく自己および人々の教化、偏見解消、相互理解をうったえ、また情緒的な滋味のある心境をかたる。西洋の思想宗教・文学のみならず、老荘・儒学・仏教・神道・和歌などを引くことも多い。門下からは、教育および国際化に貢献したすぐれた人材が輩出した。

1906(明治39)年9月、新渡戸稲造は、京都帝大教授から、一高の校長兼東京帝大農科教授に転任し、彼が一高校長を辞任する1913(大正2)年4月まで、一高学生およびその卒業生に大きな感化を与えた。その中の一人に三谷隆正がいる。三谷は『永遠の生命』1939(昭和14)年12月号「新渡戸稲造先生の追憶」(三谷1965e) の中で、新渡戸より影響を受けたのは、人生の価値は to do ではなく to be、すなわち「人格」(personality) であるということ・知識量を誇るのではなく、その知識を実践に生かしていく「教養」(culture) を育むこと・人と人、国と国とを結ぶ橋とならんとするための「社会性ないしは社交性」(sociality) をもつことであると述べている。

その新渡戸の三つの思想は、三谷 (1965f) も別稿で触れているが、主としてカーライル (Thomas Carlyle) などからの影響である。新渡戸は母を喪った1880(明治13)年の夏、かねてより入手したいと考えていたカーライルの名著『衣服哲学 (Sartor Resartus)』(カーライル1946) の原著を手に入れることができ、貪るように読了した。その熱意はその後も長く継続し、一高校長時代は無論のこと、更には1918(大正7)年8月の軽井沢夏期大学においては「衣服哲学講義」(新渡戸1969)として全3巻の講義を5回にわたって系統的に行っている (渡辺1969)。

それでは新渡戸がカーライルから学んだことは如何なるものであったか。砂川 (1965, p.178) は次の四点にまとめている。第一に、人生には小細工は通用しない、人生は本当に真摯 (earnest) な者が最後の勝利を収めるということ。第二に、人間

は優しさと同時に剛気も持ち合わさなければならないということ。第三に、理想（ideal）と現実（real）は峻別すべきものではなく、理想の中に現実があり、現実の中に理想があり、両者は親しく相関連するということ。つまり学問は理論を追い求めるだけでなく、実践に生かされなければならない。第四に、人生に重んじるべきものは、品行ではなく人格であるということ、であった。上で述べた「人格」「教養」「社会性」と大元において合致する（藤永1969）。

　ところで、三谷（1965e）では、「社会性」と関連して、一高での新渡戸の倫理講話において「社会連帯（social solidarity）」と「犠牲は進歩の法則なり（Sacrifice is the law of progress.）」という二つの言葉を鮮明に覚えていると述べている。社会連帯という場合は、社会を構成する各部分間の相互依存関係を指し、特に諸個人間の相互依存関係を強調する。また「犠牲は進歩の法則なり」という言葉は、三谷は出典不明と書いているが、ジェームズ・アレン（James Allen）によって1902年に書かれた"As a man thinketh"にある次のような文章の中にある言葉である。「我々は犠牲を払うことなくして如何なる進歩も成功も望めない。我々の成功は、我々が、その達成度をどれだけ強く心の内にもち、その計画をどれだけ強く心に留めるかに加えて、自分の欲望をどれだけ犠牲にできるかにかかっている。そして、我々が自分の心を磨けば磨くほど、より崇高で、より義しき人間になればなるほど、我々の成功は、より大きな、より祝福された、より持続的なものとなるのである（There can be no progress, no achievement without sacrifice, and a man's worldly success will be in the measure that he sacrifices his confused animal thoughts, and fixes his mind on the development of his plans, and the strengthening of his resolution and self-reliance. And the higher he lifts his thoughts, the more manly, upright and righteous he becomes, the greater will be his success, the more blessed and enduring will be his achievements.)」(Allen, J. 1902, p.45)。

「社会連帯」と「犠牲は進歩の法則なり」という言葉は前に述べた内村鑑三の「贖罪論」のフィルターを通して三谷の中で昇華されて融合し、社会連帯を「贖罪の責任の分担」(三谷 1965e, p.164) と考え、「人と人と又国と国とこの連帯贖罪を喜んで相共にする時、その時にこそ真個の平和がある」(p.165) と述べている。アレンが述べた意味そのものではないが、「犠牲は進歩の法則なり」が「贖罪は進歩の法則なり」「贖罪は歴史の法則なり」と発展させていくところに三谷思想のオリジナリティがある。「人格」は優れた師との出会いや絶対他者をも含む他者との交わりから、「教養」は学問と教育実践から、「社交性ないしは愛他性」は贖罪連帯の思想から生まれており、新渡戸の主張した理想と現実の統合が見事なまでに三谷隆正の人生の中で止揚されていることがわかる。

1−3　岩元禎

【岩元禎・略歴】（高橋 1993, pp.91-92）
　岩元禎 1869～1941(明治2・5・3～昭和16・7・14)年　哲学者。鹿児島県の士族岩本基の長男として生まれた。第一高等中学校（のちの一高）を経て明治27年帝国大学文科大学哲学科を卒業、ケーベルに学んだ。高等師範学校から一高教授として哲学や独語を教え、落第点をつけることで有名な名物教授であった。漱石の『三四郎』の広田先生のモデル。『哲学概論』（昭19・4近藤書店）の著がある。横浜市鶴見の総持寺の墓所に哲学碑が建てられている。蔵書は鹿児島大図書館に岩元文庫として寄贈された。

　内村・新渡戸に較べて、当然のことながら岩元禎の生涯に関する資料は少ない。そこで、高橋（1993）・向井（1977）の二つの文献を参照して、まず岩元禎の略歴を補完したい。

　岩元禎は1869(明治2)年5月3日に岩元家の長子として誕生した。子どもの時は、叔父・岩元平八郎の元で育てられた形跡があるが、詳しいこともその理由も不明である。また、小学校や中学校についても不明であるが、1891(明治24)年に第一高等学校の文科を卒業した。その後、東京帝国大学文科大学へ入学し、1894(明治27)年7月10日、同文科大学哲学科を卒業した。同科を卒業したのは5人であったが、そもそも文科大学全体で21名という少人数であったので、むしろ哲学科は多い方であった。禎の大学卒業後の消息も詳しくわかっていない。1899(明治32)年に第一高等学校で教鞭をとることとなった。その教え子の一人で後に一高の教師となり、指導生・同僚教員として終生岩元に師事した

のが三谷隆正である。なお、岩元禎は、1941(昭和16)年7月14日、鹿児島の四弟・禧氏の家で73年の生涯を閉じた。その時、三谷は52歳であった。

　岩元の奇人・変人ぶりを示すエピソードは、例えば西沢(1972)などであるが、読みきれないほどある。しかし、岩元禎の本質を分析したものは高橋(1993)を除いてない。三谷は岩元についていくつかの文章を残しているが、特に印象的だったのは、三谷が岩元の奇人・変人ぶりを示すエピソードを一つも書いていないことである。それだけに逸早く三谷は岩元の本質を掴み、公私にわたり岩元と真摯で深いつながりを終生もったということであろう。また、三谷は岩元の死後、友人と共に岩元の遺稿『哲学概論』をまとめていたが、三谷は1944(昭和19)年2月に歿し、同年4月の出版には間に合わなかった。

　いずれにせよ三谷は岩元より大きな影響を受けたのであるが、それは「基本的な大著を手がけろ、臆せず原典に当れ」(三谷1965g, p.184)という指導から始まり、学問に関して「真理に対して飽くまでも謙虚なる学習の態度」(三谷1965h, p.188)を岩元教授の姿そのものから学んだということである。そして「内村(鑑三—引用者、以下同じ)岩元(禎)両先生と私の肉の慈父と此三人が私の半生の奨励者鼓舞者また賞美者であった。この三人がなかつたら私は私の道を歩くことが出来なかつたであらう。さうしてこの三人とも今はこの地上にいまさず」(三谷1965c, p.187)と『向陵時報』昭和16年9月号で追懐している。つまり三谷は学問そのものを岩元から学んだのではなく、人生をかけて

の学問すなわち真理探究への姿勢を岩元の生き方そのものから学んだのである。つまり新渡戸のところで述べた to do ではなく to be の生き方を学んだのである。言うならば「学問を生きる」ことを学んだのである。

2. 三谷隆正による三師の思想の統合

　ここまでの検討から筆者には三谷と三師の関係を扇で例える次のようなイメージが頭に浮かんできた。まず扇の要には内村鑑三がいる。そして扇の骨のそれぞれには岩元禎がいる。さらに扇の広がりには新渡戸稲造がいるというものである。その構成が三谷にとって際立ってはっきりとしてきたのはやはり扇の要・内村鑑三の死であろう。三谷は1930(昭和5)年と1933(昭和8)年に、他の友人たちと内村記念講演会の講壇に立った。それは次の三回であるが、三谷による三師の思想の統合が際立って表現されていると思うので、それぞれを更に検討していきたい。

　①1930(昭和5)年5月29日、「内村鑑三先生記念講演会」において「内村先生との初対面」(三谷1965i) と題して演説。内村から「何が人生に於いて一番大切か」と問われた一学生が「道ではないでしょうか」と答えたことに対して、内村が「道も大切である。然し道より以上に、その道を歩く力が大切であらう！」と返したエピソードを語っている。

　この場合の「道」とは、新渡戸が強調した「道義」すなわち人の行うべき正しい道のことである。内村は、その「道」を軽視し

たわけではないが、それ以上に、その「道」を歩む「力」を重視したのである。これは岩元の教えである「学問を生きること」すなわち真理探究への意志の継続と通底するものである。その「力」とは何か。それは「信仰によって生きる姿勢」を指し、贖罪論に立脚した内村の福音的信仰の真髄を示すものであった。その姿勢とは、自己の無力を知り、最も小さき者の一人として、幼児の如く、天の父に訴え、願い、祈ることである。内村によれば、人間を罪より救い出し、信仰によって再び生きる力を与えられるのは「福音」の力のみであり、内村自身、これに触れて生かされてきたことを伝道の中心に据えているという。つまり「力」とは「福音の力」に自己を棄てて没入することである。

それは三谷の言う「棄私愛他」に繋がる。己を棄てて他を愛する。この場合の「他」とは、まず「徹底他者」すなわち「神」（絶対他者）である。更に「他」とは、その神が愛し賜う人間（具体的他者）である。己を棄て神を愛し、そして人を愛す、ということである。これは「先に人ありき」とする新渡戸の思想と比べ、「先に神ありき」とする内村・三谷の思想である。しかし、方向としては逆だが、結果的には新渡戸の「社会連帯」の考えと繋がるものである。

②1933(昭和8)年3月26日、東京の「内村鑑三第三周年記念講演会」で「地上の国」（三谷1965j）と題して演説。その一節に「現に私達の周囲にある隣人たちを相手にし、彼等に向つて働きかけるより他に途はない」とある。

三谷によれば、キリスト教は世界主義ではあるが、国家国民を

無視するものではなく、国民主義という側面ももっている。キリスト教的世界主義とは、天なる父を全人類の神とし、神の国と同様に、地上の国においても、個々人の人間的我執(がしゅう)・自己愛を排し、万民が神の聖支配に服従する天の国の結成原理である「愛」の実践を行おうとするものである。しかし、これは単なる概念や理論を問題とすることではなく、新渡戸の教えの如く徹頭徹尾実際生活を中心とするもの、地球上に住むすべての具他的人間を対象に「隣人愛」を実践することが目標とされる。ただし、あまり範囲を広げすぎると、すぐにその具体性を失って抽象的な全人類・人間一般というようなお題目に陥る危険性がある。したがって、隣人とは、自分たちの周囲にある隣人、すなわち日本人ならまず日本人を相手にしなければならない。日本人の心をもって日本人の心に訴えつつ、日本人のためのキリスト教を確立するのである。これがキリスト教的国民主義である。これは具体的な隣人愛の実践であり、隣人と共に生きるためである。それが可能になって初めて、人と人・国と国との新渡戸の言う「社会連帯」が目指されるようになり、世界における平和運動の原動力となりうるのである。

　三谷の説は、純理的側面が強かった内村の日露戦争「非戦論」と、実践的行動により国際的緊張を低減しようとした新渡戸の「平和への行動」の丁度中間に位置するものである。両者の考えを十分に取り入れながら、「信仰の論理」を中軸に、ホッブスやアウグスティヌスの哲学を援用しながら、どうにか三谷がその時点の自分として精一杯理論と実践の統合を目指している姿に感動

を覚える。内村・新渡戸・岩元、三師の思想は三谷の中で消化され、文字通り「新生」している。

③1933(昭和8)年4月3日、大阪電気クラブに於ける「内村鑑三第三周年記念講演会」で「勢力とは何ぞや」と題して演説（三谷1965k）。その一節に「最も深刻に現実なる人生の実相を直視し、人生に関して徹底的な態度をとるものが基督教であります」とある。

1931(昭和6)年満州事変勃発の2年後に行われた演説であるが、現在の最大急務は満州における権益の確保ではないと三谷は説く。それでは何が急務なのか。それは神が実在し、この宇宙を支配している事実に気づき、そして義(ただ)しく生きることである。神の力は精神的なものであるが、しかし精神的であることが最も実際的であるという逆説も成立する。なぜなら、キリスト教の教えは人生に対する最も深刻なる現実主義に基づいたものだからである。現実の人生を直視し、人生に関して徹底的な態度をとるものがキリスト教である。その証拠に恩師内村は実際生活の機微を知らない学生の信仰は当てにならないと言っていた。神の義は現実に人の世を審判しつつある。人の不義を攻(たま)め給う。この問題を無視して日本国の未来はないと三谷は言い切っている。

この演説で三谷は、扇の要である内村鑑三の思想に回帰している。贖罪の思想である。戦時体制が強化されつつあった1933(昭和8)年に、このような演説を行ったこと自体、現代から見て驚異であるが、この当時、三谷の「信仰の論理」「真理への確信」「理論と実践の統合」が何者にも動かされない力を秘めるように

なっていたと推察される。

おわりに―まとめにかえて

　本章では、三谷隆正が私淑した内村鑑三・新渡戸稲造・岩元禎という三人の師と三谷の思想的かかわりについて探究することを目的に論を進めた。具体的には、三谷の人生に沿った形で考察した前章「三谷隆正の思想と行動」を補完する意味で、まず三谷隆正の思想形成に大きな影響を与えた三人の師それぞれと三谷との思想的かかわりを述べた上で、更には、その三師の思想を三谷が自己の内面で如何に統合し、その統合された思想を如何に自分の人生の中で熟成させていったかの考察を試みた。その結果、内村からは「キリスト教信仰」特に「贖罪論」を、新渡戸からは「人格」「教養」「社交性・社会性（特に「社会連帯」の思想）」を、岩元からは「学問に生きること・学問に向かう姿勢」を学んだことがわかった。また、その構成を扇で例えると、まず扇の要には内村鑑三がいる。そして扇の骨のそれぞれには岩元禎がいる。さらに扇の広がりには新渡戸稲造がいるのである。それは内村の影響による「信仰の論理」、新渡戸の影響による「理論と実践の統合」、岩元の影響による「真理探究への姿勢」、それぞれが確立していったプロセスの立体的構成を示すものである。しかし、三谷隆正は、それら三者の要素をばらばらにわが身に吸収したのではなく、三谷隆正という一つの人格の中に、それを受容・統合し、更には、それを己が人生において生かしていく道を辿ったのであ

る。

　最後に今後の課題だが、三師の思想を三谷なりに統合し、尚(なお)且(か)つ何人も書き得ないオリジナルなものにした三谷最晩年の著作『幸福論』についての考察に進みたいと考えている。

参考文献

Allen,J.（1902）*As a man thinketh*. White Plains, New York: Peter Pauper Press, inc.

カーライル，T.（1946）『衣服哲学』（石田憲次訳）岩波書店。

藤永保（1969）「新渡戸稲造における人格形成」東京女子大学新渡戸稲造研究会（編）『新渡戸稲造研究』春秋社、pp.67-100。

黒住真（1998）「新渡戸稲造」廣松渉・子安宣邦・三島憲一・宮本久雄・佐々木力・野家啓一・末木文美士（編）『岩波　哲学・思想事典』岩波書店、p.1216。

政池仁（1965）「哲人の勇気」『三谷隆正全集・月報2・第2巻』岩波書店、pp.8-10。

松沢弘陽（編）（1984）「求安録」『内村鑑三』中央公論社、pp.225-320。

三谷隆正（1965a）「罪の意識の喪失」『三谷隆正全集・第4巻』岩波書店、pp.334-338。

三谷隆正（1965b）「贖罪論」『三谷隆正全集・第2巻』岩波書店、pp.161-170。

三谷隆正（1965c）「汝自身たれ」『三谷隆正全集・第2巻』岩波書店、pp.193-203。

三谷隆正（1965d）「信仰の論理」『三谷隆正全集・第1巻』岩波書店、pp.1-100。

三谷隆正（1965e）「新渡戸稲造先生の追憶」『三谷隆正全集・第4巻』岩波書店、pp.160-166。

三谷隆正（1965f）「新渡戸先生のカライル講演」『三谷隆正全集・第4巻』

岩波書店、pp.172-176。

三谷隆正（1965g）「岩本禎先生光来」『三谷隆正全集・第4巻』岩波書店、pp.182-185。

三谷隆正（1965h）「岩元禎先生を憶ふ」『三谷隆正全集・第4巻』岩波書店、pp.186-188。

三谷隆正（1965i）「内村鑑三先生との初対面」『三谷隆正全集・第4巻』岩波書店、pp.147-151。

三谷隆正（1965j）「地上の国」『三谷隆正全集・第4巻』岩波書店、pp.421-428。

三谷隆正（1965k）「勢力とは何ぞや」『三谷隆正全集・第4巻』岩波書店、pp.429-436。

西沢佶（編集委員代表）（1972）『写真図説・嗚呼玉杯に花うけて―第一高等学校八十年史』講談社。

向井覚（1977）『建築家・岩元禄』相模書房。

新渡戸稲造（1969）「衣服哲学講義」『新渡戸稲造全集・第9巻』教文館、pp.1-222。

小原信（1998）「内村鑑三」廣松渉・子安宣邦・三島憲一・宮本久雄・佐々木力・野家啓一・末木文美士（編）『岩波 哲学・思想事典』岩波書店、p.131。

関根正雄（1967）『内村鑑三』清水書院。

砂川萬里（1965）『内村鑑三・新渡戸稲造』東海大学出版会。

高橋英夫（1993）『偉大なる暗闇』講談社。

内村鑑三（1939）『基督信徒のなぐさめ』岩波書店。

渡辺美知夫（1969）「新渡戸稲造とThomas Carlyle―世界観転回の一過程」東京女子大学新渡戸稲造研究会（編）『新渡戸稲造研究』春秋社、pp.131-170。

第3章

三谷隆正の遺著『幸福論』を読む
―処女作『信仰の論理』との対照を中心に―

はじめに―問題の所在

　三谷隆正は、1915(大正4)年に26歳で東京帝国大学を卒業すると、多くの者が官界・実業界に就職する中で、同年9月に岡山の第六高等学校に教授として赴任した。しかし、暫(しばら)くして、大学時代に続き、1917(大正6)年再び健康を害し、湘南の地に療養を余儀なくされた。この療養によって三谷の信仰と思想には決定的な転機が訪れた。

　それは「人生に於(お)いていちばん大切なものがある自分を絶して他なる者であつて、決して自分自身ではない事であつた。……(中略)……神様は絶対に私一個を超絶したまふ。すべてはその神様のためである。私一個なぞは問題にならない。唯(ただ)私としての最善を用意して、それをそつくり聖前に献上すればいいのだ。さうだ、その為めの学問だ。また職業だ。私は自分の心身共にめきめきと元気づいて来たことを感じた」(三谷 1965a, pp.196-197) と

いうことであった。

　自己凝視から突如として始まり、どん底体験とも言える、逃れる先の見えない内面的閉塞状況から一転して、三谷（1965b）は「徹底的棄私の断行」により「徹底他者への欣求(こんぐ)」に進む『信仰の論理』への道を歩むことになるのである。この「画期的な転向」は三谷のその後の人生の歩みを大きく転換させた回心（spiritual conversion）の体験と位置付けられるが、その証左として上掲の著書『信仰の論理』の最後を「私の一生の大野心(アムビション)は自己に死ぬ事である。而(しか)して他者裡(り)に甦る事である。それ以外の野心を持ち度(た)くないものと思ふ。願はくば此(こ)の小著が、何人かの胸の裡(うち)に、同じ大望の焔(ほのお)をあほり得ることを」（p.100）と結んでいる。

　その後、1923（大正12）年、34歳の時、三谷は一大決心をもって結婚を敢行した。しかし、三谷にとって家庭団欒(だんらん)の時間は悲しいかな余りにも短かった。結婚の翌年に誕生した長女・晴子は生後三週間で夭折(ようせつ)し、その後を追うようにして新婚の妻・菊代も結婚後僅(わず)か一年半で天国に召された。この時、三谷自身も高熱の病床にあって危険な状態にあり、妻の臨終にも立ち会うことができず、第六高等学校の三谷の教え子たちの手によって妻の柩が運び出されるのを床に就いたまま黙々と見送るだけであったという（守谷 1966）。

　この耐え難き苦難（passion）から2年後、1926（大正15）年に出版された上掲の三谷の処女作『信仰の論理』は、このような三谷の存在を再び根底からを揺るがすような出来事をきっかけとして難産の末、生まれたものである。その証左として『信仰の

論理』の「はしがき」で「予をして此上梓を企図せしむるに到つた直接の動因は、逝ける妻と子とに対する記念の手向草を得まほしく思つたことによる。読者よ、予のこの私情をゆるしたまへ」（三谷 1965b, pp.6-7）とある。

『三谷隆正全集』の編者で三谷の旧友である南原 繁 が「信仰の論理」所収の全集第 1 巻の「後記」において、処女作『信仰の論理』とそれに続く『問題の所在』により、三谷の「内面的精神生活の志向と基礎は、……（中略）……決定されたと解していい。その立場は後年、深化・円熟されることはあっても、その核心において変更されたことはない」（南原 1965, p.361）と述べているように、『信仰の論理』は、その後の三谷の著作の底流を支え続け、三谷の遺著『幸福論』（三谷 1965c）まで受け継がれている。

その『幸福論』は『岩波講座倫理学』のために寄稿し 1940（昭和 15）年に発行された「新生と浄福」（三谷 1940）を原型としている。その「新生と浄福」を全編に亙り拡大修正すべく、三谷は修正稿執筆を太平洋戦争が激化した 1942（昭和 17）年から開始して翌 1943（昭和 18）年 8 月まで行った。そして 300 頁に近い長編として仕上げ、原稿を印刷所に廻し、その秋には病身の身でありながら自ら校正を行い、11 月に「まへがき」を記し完成させたものの、1944（昭和 19）年 2 月 17 日に著者の三谷隆正は天に召され、同年 3 月の同書の上梓に間に合わなかった。すなわち文字通りの三谷隆正の「遺著」となった珠玉の論考が『幸福論』である。その「まへがき」は、『幸福論』が「遺書」となることを読者に予見させるような内容で、殊に読む者の心の琴線に触れるものな

第3章 三谷隆正の遺著『幸福論』を読む─処女作『信仰の論理』との対照を中心に─

ので、本章の冒頭、次に引用する。

「私は生まれてから今日に至る迄、数えきれぬ幸福に与るとともに、また幾度か人が見て不幸と看做すやうな目にも会つて来た。わたしは仕合はせ者でもあり、又不仕合はせ者でもあるやうである。私は今茲にこの幸福論をものにして、我こそは斯く斯くの幸福を摑んで持つて居る。来つてわが幸福にならへと言ひ得るやうな、そんな幸福を誇示し得る者ではない。私の心は屢鉛よりも重く、私の眼は男児知命にして時に猶ほ女の如くに涙に漂ふ。私如きは畢竟病余衰残の憐むべき一無用人に他ならぬかも知れない。然し斯かる私にもまた奪うべからざる幸福がある。それは決して唯の諦めではない。もつと強い、もつと深い、もつと旺な幸福とそのよろこびとがある。私はそのよろこびを語りたい。静に語りたい。読者よ、静に私の語るところを聴いて下さい」（三谷 1965c, pp.217-218）。

本章では、三谷隆正の遺著『幸福論』での主張と、処女作『信仰の論理』で展開された三谷隆正の根本思想とを比較対照することを通じて、『幸福論』を単なる三谷の著書の一つとしてだけではなく、三谷隆正という一個の人格がもつ不可分なる三つの位相、すなわち「信仰」と「学問」と「生活」が集約的に表現されたものであり、それは同時に後世の人びとに遺された静寂の中にも情熱（passion）を秘めた「遺書」であったことを明らかにすることを目的に論究を進めていきたい。その際、まず『幸福論』そのものをテキストにし、各章ごとに要約し、適宜、要約者の注を付していく。次に『信仰の論理』を中心とする三谷のその他の

著作・論文等と『幸福論』との対照を通じて、三谷隆正という人の「存在の根底」を支える思想構造を明らかにしていきたい。

1.「第一章　幸福論の歴史」を読む

1－1　要　約

第一節　ソクラテス学派

紀元前399年の晩春、アテネにてソクラテスが刑死した。その模様は彼の弟子プラトン著『クリトン』『ソクラテスの弁明』『パイドン』などに描写され、「善く生きること」[1]＝「幸福論」の一つの原初となす。ソクラテスは「知は即ち徳（善）である」また「徳（善）は即ち知である」と主張した。人間が悪いことをするのは、善とは何かを知らないからである。善とは何かを知れば、誰しも悪いことをしない。そもそも人間はどんな人でも幸福を求めている。したがって、善はまた幸福でもある、と考えた。このソクラテスの素朴な幸福論は、「知」に重点をおくか、「徳」（実践的善）に重点を置くかで、後に狭義のソクラテス学派として二つに枝分かれした。

一つは「徳より知を重視する」メガラ学派であり、学祖をエウクレイデスとする。もう一つは「知より徳を重視する」キレネ学派とキニコス学派（犬儒学派）である。キレネ学派は学祖をアリスチッポスとし、刹那的快楽主義を主張し、後のエピクロス学派に繋がっていく。キニコス学派はヂオゲネスが有名であるが学祖

はアンチステネスで、彼はソクラテスの「神に近き無欲さ」に心惹かれた。そして、その「無欲さ」に基づくあらゆる束縛を脱却した独立自足自由を「徳」と定義したが、それは極端な道徳的利己主義の主張となり、後のストア学派に繋がっていく。

第二節　エピクロス学派

エピクロス[2)]は紀元前341年に小アジア沿岸サモスで生まれ、18歳でアテネに出る。自らは独学者をもって任じているが、プラトン、アリストテレスの影響は勿論のこと、特にキレネ学派および「実在はすべて原子と空虚からなる」とする機械論的唯物主義者デモクリトスの影響が強い。エピクロスの思想の骨子を言えば、唯物的機械的原子論ということになろう。

そのエピクロスの人間観では、人間の心身は無数の原子の集成からなり、その離散が即ち「死」であるとする。そして、自ら死を求める者も愚、いたずらに死を恐れる者も愚、なぜなら、死に到る時、その瞬間にその人は存在しないからであると考えた。次にその人生観・社会観であるが甚だ個人主義的傾向の強いものであった。人生における至上善は個人の至幸至福なる生活であり、社会生活規範は、そのための手段である。家庭は性とその自然必然なる拘束でありむしろ多くは手かせ足かせと考え、特に重視したのは何ものにも束縛されない自由自立のよろこびとしての「友情」であった。さらに、エピクロスの学問の特徴は、学問（科学）は、宗教とその愚昧なる迷信から救ってくれる故に、また個人の幸福なる生活のためになるという実践的能力・技術となりう

るが故に尊いというものである。

エピクロスにとって、無条件に善きものは快楽であり、無条件に悪(あ)しきものは苦痛であった。この点でキレネ学派の学祖アリスチッポスの「快楽主義」と共通する面があるが、両者は異なる点も多い。前者（エピクロス）は理知による反省が加えられた快楽主義であるが、後者（アリスチッポス）は刹那的快楽主義である。前者は快のために困苦に耐えることもあるが、後者はただ快のみ求める。前者は消極的に快を規定し、快の本質は苦痛のないこと、心の平らかであることとしたのに対して、後者は積極的にのみ快を規定している。すなわち、エピクロスは快と幸福の真諦(しんたい)は無苦痛無風状態にありと主張する言わば「消極的快楽主義」なのに対して、アリスチッポスの快楽主義は「積極的快楽主義」と呼べよう[3]。

　第三節　ストア学派

ストア学派[4]の学祖はゼノンである。彼は紀元前340年ごろ、地中海の東辺キプロス島に生まれ、成長して、初めは書物を通してソクラテスの教説を学ぶが、後にキニコス派のソクラテス、メガラ派のスチルポ等に師事した。特に感化が大きかったのはキニコス派の倫理学であった。幸福論に関してストア学派の際立った特徴は、老衰の苦痛を味わうのなら、むしろ自らを殺して、その苦痛を免(まぬが)れる方がよい、とする幸福主義的自殺是認論にある。例えばストア学派に属するゼノンの高弟クレアンテスも皇帝ネロの宰相セネカ[5]も、その最期は自殺であった。その後、ストア

哲学は、紀元前3世紀から紀元後2世紀まで約500年間、ギリシア人およびローマ人の人心を強く支配し続けた。特にローマ帝国においては学道人への強い感化があった。そのストア哲学は時代的に前期・中期・後期に分けられる。

前期ストアは、学祖ゼノンをはじめ、クレアンテス、クリシッポスなどが代表的である。この期は先人の学説を素材とするもので独創性はなかったが、強靭なる思索と生活をもって、良くこなれた自由と生気に富むものであった。中期ストアは、ロード島のパナイチオス等が代表的であり、最も独創に乏しく、プラトン的な色調の勝った折衷論の哲学を展開した。そして、後期ストアは、いわゆる「ローマ帝国のストア」として、先述のセネカ、奴隷に売られて主人の酷使に遇い、そのために足を傷つけられて一生足が不自由であったエピクテトス、紀元161年から180年にローマ皇帝として在位し、陣中の手記『自省録』で有名なマルクス・アウレリウス[6]などを代表者とする。この期の特徴としては、思索力が徹底的に倫理学に集注し、思想的内容が著しく宗教的香気に富むものであったことである。

さらに、この三期に共通することは、理論よりも実践を重視したことであり、これはエピクロス学派も同じだが、エピクロス学派が個体とその感覚とを中心とする享楽主義に基づく感覚主義の哲学であったのに対して、ストア学派は普遍妥当的法則と理性を堅持した克己主義であった。このストア学派の特徴は、ローマ法学を通じての影響が大きく、それゆえ理性主義・合理主義の傾向を多分にもつ。逆に、そのローマ法学の哲学的基底にはストア哲

学、殊にその理性主義があったとも言える。

　ローマ法学[7]の学的根底が構築されたのは、ケーザル、アウグスツスの盛時、紀元前後あたりである。当時、まだ成文不文の成法体系が未整備であったが、ローマ帝国の支配圏の拡大から、多数の異民族を統一的法制的に統治し、万民に公正な法的保護を与え、生活の平安を保障する必要があった。まず、そのローマ法体系の学的礎石として、人間の自然（本性）に基づく永久不変で行為に関して規範的意味をもつ「自然法 ius naturale」の理念が導入された。それは理性による生活の規制を重視するもので、この理念は中世カトリック神学、近世哲学にも受け継がれ、政治的には自由民権運動の動力源となった。

　この自然法の理念は、ストア学派の世界観と重なる部分がある。ストア学派の世界観とは、宇宙には一定不動の理性があり、自然も人生も、この理性に支配されており、ゆえに我々の生活も、この理性に添うようにしなければならない、有徳の生活とは自然にかなう生活であるとするものである。法律とは、社会生活を規律するのりであり、天理（自然）にそむくことのないようなのりが自然法である。法学の任務は、この自然法の具体的内容を究明し、それによって現実的歴史的社会生活を規律する、あるいはこの規律のために必要な法的秩序の内容を規定することであるとした。ストア哲学には、同一の真理は誰にとっても同一の真理として把握されるという「真理認識の万民一致」という考え方があり、そのため万有を統理する宇宙理性が各人の人間的理性を通して同一に働くという「汎神論的な理性論」を主張したのであ

る。

　ローマ法は、自然法の流れを汲む「万民法 ius gentium」（前者）と「ローマ市民法 ius civile」（後者）の大きく二つの方向に発展した。前者は一般的普遍的人類的妥当性を目指す諸民族に共通する社会的生活規律の総称であるのに対して、後者は特殊的民族的特異性を有するローマ市民固有の特異的規定内容をもつ。特に前者は自然法の具体的な内容を踏まえながら、それを指導理念として徐々にローマ法学の体系的実質を万民法として成長充実させたもので、ストア哲学の貢献が大きい。ストア哲学の根底には根強い理性主義があり、客観的には万有を支配する不動の理(ことわり)があることを確信し、主観的には人間各自はその客観的理法を把握するに耐える器(うつわ)であると考えた。学問は、この器をもって、この理を究(きわ)めることであり、すなわち学問の意義は生活のための正しき指針となることにあるとする。このストアの理性主義によれば、我々は我々の生活を理性によって統理し、道理にかなう生き方をしなければならない。この道理は万有を支配している自然の理法であるので、道理にかなう生き方は最も自然な生き方であり、この意味で我々は自然にかなう生活をしなければならないとされるのである。

　このようなストアの理性主義を根底にもつ合理主義および自然主義は、近世はじめ以来、キリスト教の超理性主義および超自然主義、いわゆる神学的理性主義ないし自然主義と鋭く対立しながら、西洋思想における唯物論的理性主義ならびに自然主義への影響が大であった。ストアの汎神論的世界観[8]の根底には、例

えば実在の第一原理は火であり、火は神・宇宙精神・万有の周期的燒失と更生の原動力であるとするような唯物論がある。さらに人生の目的の第一は幸福なる生活であり、学と徳は幸福に至るための手段であるがために意義をもつと考えた。ストアにとっての幸福とは、刹那的な感覚の内にはなく、自然にかなう生活の内にある。また自然は徹頭徹尾道理の支配の下(もと)にある。したがって自然にかなう生活が理にかなう生活である。その理をつかむものは官能とその衝動（本能）ないしは感情ではなく、理性と思惟であり、幸福は思慮と反省によって得られるのである。人間の至高の境地は、達人・賢者の境地であり、少しも感情に揺り動かされない無感情の境地であるとストアは考えた。

エピクロスは個人主義から出発し、個人の生活の平安を保障するための設備としての国家を推理した。そして各個人の契約に基づく功利的団結が国家の成員ないし本質であるとした。これは古代から現代にかけての国家契約説の先駆け的考え方である。一方、ストアは、国家や民族を超越して、直接個人を単位として世界市民による世界社会を実現しようとする世界市民主義・四海同胞主義、いわゆるコスモポリタニズム（cosmopolitanism）の萌芽(ほうが)[9]とも言える世界主義を主張した。その際、ストアが主張した世界主義とエピクロスが主張した個人主義はローマ帝国の版図拡大にしたがって車の両輪のような関係になった。なぜならエピクロスが言う個人主義に徹するには、個人と個人と各国境を越えて、その価値を等しくする必要があり、よってローマ人が受け入れたストアの世界主義を抽象的概念から、現実具体的な歴史的概

念に引揚げる必要があったからである。

第四節　ロマ人の哲学

　支配の大権がローマ帝国に移った後、ローマ人の哲学として大成したものは、エピクロス学派とストア学派の哲学である。エピクロス学派は、最大のエピキュリアン（epicurean：エピクロス学派の、転じて快楽主義者）であるルクレチウス・カァルス（Titus Lucretius Carus）が有名であるが、彼は紀元前 1 世紀前半頃の人で、教訓詩『事物と自然について De rerum natura』の作者である。一方、ストア学派は、売られてローマ人の奴隷となったフリギア人のエピクテトス（Epiktetos）や、『自省録』の著者でローマ皇帝であったマルクス・アウレリウス・アントニウス（Marcus Aurelius Antonius）が著名である。

　この二派に共通するのは、第一に「個人主義」であるということ、したがって理論は実際（究極的には個人とその生活）のためと考える点である。ローマ人の哲学は個人の立場よりする実際的反省の哲学であり、その主題は政治学を含まない倫理学であった。また第二の共通点は、両派が「実際を主として理論を従」としたことである。例えばストア哲学は純然たる実践的道徳訓の側面をもつ。これはエピクロス学派・ストア学派を含む「狭義のソクラテス学派」に共通の傾向である。その個人主義と幸福主義では、歴史的現実国家に対する超個人的熱情を欠いている。すなわち、社会国家に対する公的関心の冷却、個人とその私生活との沈潜、倫理と政治との分離などの傾向をもったのである。一方、

エピクロス的個人主義（前者）とストア的個人主義（後者）では著しく異なる点もある。前者が徹底的な個人功利主義であり、社会国家は個人生活の安全のための功利施設であると考える功利主義的国家観・原子論的機械観であるのに対して、後者は四海同胞万民一体の考え方を基本として、社会国家は天性の自然に基づくので人間個々の理性も天性の自然である宇宙理性と一つながりであるとする超国境的世界主義・汎神論的世界主義という点を強調した。

　歴史的に見れば、ギリシア哲学はギリシア国民の政治的自由の亡びるとと共に亡びた。そして、ローマ帝国においてギリシア哲学は亡国的哲学[10]となった。この場合の「亡国的」とは、その国家としての歴史的個性的存立を失うことを指す。無論、亡国の民といえども、社会生活はもつのであるが、「アテネ人の社会はあれど、アテネ人のアテネ国がない」といった状態になり、国を失えるギリシア人の関心は己一個の生活と隣人と相共なる社会生活に移行した。それがギリシア人を個人主義者にし世界主義者にし、その倫理を政治から絶縁させ、哲学的思索の全精力を人間たる個と、その現実なる生活の保全に集中させた。亡国の民の生活の不安が、不安なき生活の秘訣、すなわち安心立命への実践を求めたのである。しかし、その実、頽廃の痕と不安の影を匿し得ない消極的諦観的な哲学、すなわち亡国的な哲学となってしまったのである。ソクラテス以後の幸福主義の諸学、殊にアリストテレス以降、古代末期ローマ帝政時代の各派の哲学に、その亡国的哲学の傾向が強い。

初代皇帝アウグスツスから始まりローマ帝国の版図が最大に拡張した五賢帝時代のトラヤヌス帝まで約1世紀のいわゆる泰平羅馬(パックス・ロマーナ)（Pax Romana：ローマのもたらした平和、勝者の支配するローマという意味もある）の時代とても、民が安んじて泰平を謳歌するというようなものではなかった。ローマ帝国[11]は、泰平羅馬時代さえも、内外ともに不安な政情に終始していたので、国民が痛切に求めていたのは何とかしてこの生活不安から脱れたいということであった。アリストテレス以後の古代末期哲学は、このローマ帝国の社会的不安を反映し、主観的・消極的・諦観的なものであったが、結局その不安を克服する力をもたず、古代ギリシアとローマの哲学は衰退していく。後に、それに救いを与えたのがキリスト教とその神学であったが、前述した泰平羅馬時代の約1世紀は、ちょうどイエスの誕生によって開始された新約聖書時代と合致するのである。

第五節　幸福論哲学の共通点

ソクラテスの死後、その直接の感化の下に発展したキレネ学派およびキニコス学派を前駆として、それを一層、精化・発展したものがエピクロスおよびストアの哲学である。また、その流れに共通しているのは「幸福主義の哲学である」ということである。そして殊にその代表的典型がエピクロス（前者）およびストア（後者）の哲学なのであるが、両者にも異なる点があり、それは以下のようにまとめられる。

前者は、その出発点を享楽主義においているのに対し、後者

は、その出発点を克己主義においている。前者の幸福主義は、キレネ学派の快楽主義から出ていて快の総量を最大にすることが主眼であり、人生の至上善は快であるとするのに対して、後者の幸福主義は、キニコス学派に導かれて、快・不快を超脱した境地に最高の徳を認め、人生の至上善は徳だとする。また、前者はデモクリトスの原子論を受容し、原子論的機械論的立場を堅持するのに対して、後者は、ヘラクレイトスの汎神論的世界観に共鳴し、目的論的世界観をもち、その定命論と汎神論とにも拘らず、「神による摂理」といった観念をもっていた。さらに、その社会観については、前者は徹底的に個人主義的効利主義を基底とし、「友情」を最も高く評価するが、その友情の根底には生活における効利的打算があったのに対して、後者は家庭や国家に自然の美徳を認めたが、達人の理想的至境としては家庭や国家を脱落した世界を考えた世界主義者であった。

　一方、エピクロスおよびストアに共通する点は、根底的に「主観的」であったことである。哲学的関心が「我とその裏なる消息」に集中し、それがため向学的活力に欠けるのである。ギリシア哲学はソクラテスを分水嶺として、ソクラテス以前は自然を自然として、その客観的実在を単純に承認する素朴な客観主義的宇宙論の哲学であったのに対して、ソクラテス以後は自然を自然として認識する人間的認識者自体、また認識という働き自体を反省する哲学に成長した。認識の主体的根源としての「理性」は、理性によって把握される「客観的実在」と等質のものでなければならぬということになった。実在の本質は物でなく心、観念または

理念とし、つまり「思惟は即ち実在」と考えた。この観念論がギリシア哲学衰頽期に及んで、理性とその観念の世界以外何の興味をも向けようとしない偏主観的な哲学を生んだ。それがエピクロスやストアの哲学である。

　その人間のもつ「理性」を中心とする哲学の究極の目的は人間を幸福にすることであった。エピクロスは理性の統御による考え深き生活設計を提唱し幸福の至境は「無憂無痛」であるとした。またストアは幸福の至境を「無感動（不惑不動）」に置き、ついには自殺是認論にまで至った。このような実践的偏主観主義は孤高な自給自足生活に繋がり、それは人の生活を貧しくし、ついには零にする。したがってストアの自殺是認論が肯定されるようになる。しかし、人生の目的は幸福にありという主張は、人生には目的がある、生きることに意義があるということと、その生き方の実質を幸福な生き方にせよということを含んでいる。しかるに自殺は人生を否定することである。従って又人生と共にその幸福をも否定することである。我とその生活の内容を零にすることである。幸福主義それ自体の自殺である。

　人間がある程度まで、その知性が磨かれると、必ず「自分というものに眼醒める」。「われ」というものが意識と反省の中心を占めるようになる。それは個人的には青春期、民族的には文化の爛熟期、そうして国民的には、むしろその政治的頽廃期に起こる。一切を忘れて「われ」を解剖し反省し、また追究する。自我への沈潜と反省である。前に書いた「亡国的哲学」とは、個人とその社会生活とはあるが、歴史的個性国家としての国民の歴史的熱愛

の対象たり得る「祖国の名」を亡くさせた哲学を指した。古代末期の幸福主義の哲学は、幸福の真諦(しんたい)を摑みそこなった、あるいは人生の目的を摑みそこなった。だからついに人を救い得なかったのである。

1－2　要約者・注

1) 「善く生きること」に関しては次の文献を参照。藤井義夫(1966)『ギリシアの古典―よく生きるための知恵』中央公論社。藤沢令夫(1995)『「よく生きること」の哲学』岩波書店。岩田靖夫(2005)『よく生きる』筑摩書房。

2) 「エピクロス」に関しては次の文献を参照。エピクロス(1959)『エピクロス　教説と手紙』(出隆・岩崎允胤訳)岩波書店。堀田彰(1989)『エピクロスとストア』清水書院。

　なお「エピクロス」は「人生の目的は快楽にありと主張したが、彼のいう快楽とは、ふつうに考えられている欲望の充足とはまったくちがい、苦痛や悩みのない平安な生活を意味した。豊かな財産や地位や名声や権力などは人びとが追い求める人生の目標のように考えられているが、それらはけっして「快楽」を与えてはくれず、逆に深刻な悩みや不幸や苦痛しかもたらさない、とエピクロスはいう。彼によれば真の幸福とは気分がいつもおだやかで、自然の定めた限度を心得、つねに平穏な日々を送ることだったのである」[森本哲郎(2005)『神の旅人―聖パウロの道を行く』PHP研究所、p.47]。

3) 「古代ギリシア哲学」及びその「幸福論」に関しては次の文

献を参照。山田孝雄（1979）「ギリシアの哲人どもの幸福観」山田孝雄（編）『世界の幸福論』大明堂、pp.231-248。山川偉也（1993）『古代ギリシアの思想』講談社。山本光雄（2003）『ギリシア・ローマ哲学者物語』講談社。周藤芳幸（2004）『物語古代ギリシア人の歴史―ユートピア史観を問い直す』光文社。

4)　「ストア学派」に関しては次の文献を参照。鹿野治助（責任編集）（1980）『世界の名著・第14巻　キケロ　エピクテトス　マルクス・アウレリウス』中央公論社。堀田彰（1989）『エピクロスとストア』清水書院。

　　なお、「ストア学派」は「人間の魂が情念（パトス）によってかき乱されることをきらい、情念を魂の病気とみなした。そして人間にとって何より大切なことは調和のとれた生活であり、それをはっきりと認識するものこそ理性（ロゴス）にほかならない、とした。したがって、人びとがめざめなければならないのは情念の克服であり、それによって魂の平安を保つこと、だった」［森本哲郎（2005）『神の旅人―聖パウロの道を行く』PHP研究所、pp.46-47］。

5)　「セネカ」に関しては次の文献を参照。藤生和幸（1979）「セネカの幸福論―『幸福なる生活について』を中心として」山田孝雄（編）『世界の幸福論』大明堂、pp.249-257。セネカ（1980）『怒りについて　他一篇』（茂手木元蔵訳）岩波書店。セネカ（1982）『人生の短さについて　他二篇』（茂手木元蔵訳）岩波書店。ピエール・グリマル（2001）『セネカ』（鈴木暁訳）

白水社。谷沢永一（2003）『ローマ賢者セネカの智恵—「人生の使い方」の教訓』講談社。

　なお、「セネカ」は「ストア哲学を修めていたが、そのストア哲学はとくに倫理を重視し、すべてに神の刻印を見た。宇宙は神の摂理によって運行し、理性(ロゴス)がその本質をなすと考える。したがって、自らのうちに理性を持つ人間は小宇宙ともいうべき存在であり、理性を自覚するかぎり、人間は神の子であり、平等であると説かれていたのである」［森本哲郎（2005）『神の旅人—聖パウロの道を行く』PHP研究所、p.249］。

6)　「マルクス・アウレリウス」に関しては次の文献を参照。鹿野治助（責任編集）（1980）『世界の名著・第14巻 キケロ エピクテトス マルクス・アウレリウス』中央公論社。マルクス・アウレーリウス（1982）『自省録』（神谷美恵子訳）岩波書店。

　なお、「マルクス・アウレリウス」は「政治には、まして軍事にはまったく不向きな皇帝であった。その彼もしだいにローマ帝国の辺境を侵し始めたゲルマン諸族の鎮圧に出陣せねばならなかった。しかも、この敬虔な神をおそれる皇帝は数年にわたって戦陣にあり、その戦地で書いたものが『自省録』であった」［森本哲郎（2005）『神の旅人—聖パウロの道を行く』PHP研究所、p.248］。

7)　「ローマ法学」に関しては次の文献を参照。三谷隆正（1965）『三谷隆正全集・第3巻 国家哲学・法律哲学原理・法と国家』岩波書店。ボールスドン（編）（1971）『ローマ人—歴史・文

化・社会』（長谷川博隆訳）岩波書店［特に「第6章ローマ法」］。ピーター・スタイン（2003）『ローマ法とヨーロッパ』（屋敷二郎監訳／関良徳・藤本幸二訳）ミネルヴァ書房。

8）「汎神論」（pantheism）とは「すべての物が神である、あるいは神と宇宙とは実際に同一である、あるいは神とこの世での信者が宇宙と呼ぶものとの間には真の区別はないという見解である。語源はギリシャ語 pan すべて＋theos 神」［ジョン・A・ハードン（編著）（1986）「汎神論」『カトリック小事典』（A・ジンマーマン監修、浜寛五郎訳）エンデルレ書店、p.254］。

9）「コスモポリタニズム」に関しては次の文献を参照。三谷隆正（1965）『三谷隆正全集・第3巻 国家哲学・法律哲学原理・法と国家』岩波書店。ボールスドン（編）（1971）『ローマ人―歴史・文化・社会』（長谷川博隆訳）岩波書店［特に「第5章ローマの帝国主義」］。

10）「亡国の哲学」に関しては次の文献を参照。三谷隆正（1965）『三谷隆正全集・第3巻国家哲学・法律哲学原理・法と国家』岩波書店。三谷隆正（1965）「内在論的歴史観と超越論的歴史観―近世歴史観の再検討」『三谷隆正全集・第4巻』岩波書店、pp.75-80。三谷隆正（1965）「歴史的現実国家（述）」『三谷隆正全集・第4巻』岩波書店、pp.484-492。

11）「ローマ帝国」に関しては次の文献を参照。ボールスドン（編）（1971）『ローマ人―歴史・文化・社会』（長谷川博隆訳）岩波書店。タキトゥス（1981）『年代記―ティベリウス帝から

ネロ帝へ（上・下）』（国原吉之助訳）岩波書店。スエトニウス（1986）『ローマ皇帝伝（上・下）』（国原吉之助訳）岩波書店。

1－3　解　題

『幸福論』第一章「幸福論の歴史」では、ギリシア哲学から論を起こしている。そして三谷によれば、古代末期の幸福主義の哲学は、ギリシア人の生活不安と、ローマ帝国の社会不安を反映した「亡国的哲学」であり、その自我中心的主観的幸福追求という哲学的利己主義の結果は、ストア哲学における自殺肯定論に象徴され、それによっては決して人々は救われなかった。そのことを三谷は「人生の目的は幸福にありという主張は、人生には目的がある、生きることに意義があるといふことと、その生き方の実質を幸福な生き方にせよといふこととを含んで居る。然るに自殺は人生を否定することである。従つて又人生と共にその幸福をも否定することである」（三谷 1965c, p.254）とまとめている。

上のように第一章「幸福論の歴史」では、古代ギリシアからの幸福論の歴史とその哲学の共通点について語っているのであるが、一方、『信仰の論理』との対照からは「自己凝視の陥穽」という点を中心に次のことが指摘できる。『信仰の論理』は、『幸福論』の導入と同様の方向から、紀元前第五世紀のギリシア哲学から論を進め、「自己凝視」の淵源を探り、「啓蒙思潮の湧き立つ所、先ず打ち寄するは反抗の浪である。反抗の浪のあがる所、高くせらるるは我と其主観とであり、低くせらるるは伝統と客観的権威又は典拠である。故に個人とその自由とが尊重せられ、すべ

ての価値が、只個人の自由なる承認によつてのみ、基礎づけられるようになる。道徳も宗教もすべて、個人の自由なる批判を圧倒するような権威であつてはならない。権威あるものは只個人のみである。然り、個々の私のみである」（三谷 1965b, p.14）と述べている。

そして「今や、世をこぞりて、自己に眼醒めよ、自己を凝視せよと呼はりつつある」（三谷 1965b, p.18）と、三谷の青年期の時代状況、すなわち大正デモクラシーと教養主義の時代思潮について述べ、その時代思潮の中で三谷は「我在りて、他と異ることは、一切の思索と実行との出発点である。然し、かるが故に、他と異れる我の差別相のみが、我の真相であり、それのみが、一切の価値の源たるべき理想たり、欣求の標的たるべきものであるか」（三谷 1965b, p.19）と問題提起する。

『信仰の論理』が上梓されたのは 1926（大正 15）年 4 月のことであった。三谷の上の問題提起と、それに続く結論たる「棄私愛他」すなわち徹底他者たる神の衷への「棄私の冒険」の敢行という主張は、この時代の流行思想に抗うものであった。そのことを「現代の若き思想家たちは、殆ど口をひとつにしていふ、自己を見つめよと。……（中略）……若し私が他の代りに自を置いて、徹底自己主義といひ、徹底自我を主張したならば、多分私は多くの人々の同感を買ひ得たかも知れないと思う」（三谷 1965b, p.96）と表現している。

しかし、三谷は、この流行思想に対して「個我の現実相は、理想の自己実現の過程に於ける、その残骸に過ぎない」ので「自

己を凝視せよとの主張は、自己の残骸を凝視する事によつて、その将来に対する理想を規定せよと云ふものである」（三谷1965b, p.27）と批判する。ここに現実と同様に理想をも重視する三谷の根本思想があり、その基本姿勢は遺著『幸福論』まで受け継がれていったのである。

2.「第二章 幸福とは何か」を読む

2−1 要 約

第一節 自己内在論（主我的幸福論）

アリストテレス[1]は、人間の幸福は単なる所持にではなく活動にある、すなわち享け有つことにではなく人間らしく働き為すことにある、と言った。人間らしく働き為す中心には理性の働き、すなわち徳がある。したがって人間らしい幸福は有徳な働きの内にある、至純の幸福は最高かつ完璧な徳行の内にある、と考えた。そして最高かつ完璧な徳行、すなわち「幸福」についてアリストテレスは次の三点を指摘した。

第一に、純粋思惟の働きまたは知的観照であり、他の二点と較べてこの点を最も重視した。これは最高の精神活動で最高の目標であり、最も外物によって妨げられることが少なく、最高のよろこびを与えるもの、自給自足してその対象と目標を自身の裡に包蔵するものである。理性は人間のうちにある神的なもの、人間の真髄であり、純粋なる理性の働きのみが人間性にふさわしい働き

である。これのみが人間に全き満足を与え、人間の限界を超えた神性に近づかせると主張した。アリストテレスの幸福感を一方的に徹底すれば、幸福の極致は理性の自給自足であるとなり、ストア幸福論と同じ結論になる。ギリシア哲学の根底にある理性主義と主知主義を徹底すれば、幸福の極致は「純粋知的観照における理性の自給自足」にあり、となる。だが、現実のアリストテレスは結論を急がず、幸福について次の第二・第三の点も指摘した。

「幸福」についてアリストテレスの第二の指摘は、天賦の物、すなわち健康・富・地位・生まれ・才能・容色なども幸福の要件として重要視されるべきだということである。これらのよきものを全く欠く生活も人間として全き生活であることができないとした。さらに第三には、快あるいはよろこびを指摘し、快は働きの完遂に伴う自然の結果であり、完全な行動には必ず又まどかなよろこびが随うことを説いた。神の聖福が完全無欠の働きから湧き出る至純のよろこびであるように、快の本質は凝滞なき生動である、したがって思惟と道徳的行動は最も純なよろこびを与える、と主張した。

しかし、幸福の第一義を快・不快に求めると、例えば、キレネ学派その他の古代ギリシアの積極的快楽主義の哲学やキニコス学派・ストア学派の幸福論の哲学のように、幸福を主観的なもの（主観主義的幸福論）あるいは自己内在的なもの（主我主義的幸福論）にしてしまう。歴史的に見れば、快楽主義の幸福論は、現実の自己の幸福から出発しながら、次第に、その現実の自己を

離脱して、理想の自己の観念的幸福を追求するようになった。この追求は必然に積極的享楽主義的傾向（例：エピクロス）を脱して、消極的禁欲主義的傾向（例：ストア）に転じさせる。その極、現実を逃避して観念の世界に理想の幸福を全うしようとする。したがって、その帰結は、唯物論的幸福観であり、例えば死後の霊魂のより高次なる生活などを考えないため起こるストア学派の自殺是認論となる。一切の関心がただ自我の主観的幸福または自我の徳の完成にのみ集中してしまう主観的主我主義が、自我の内容を概念化して単なる観念に帰せしめる。いわば「幸福の自殺」であり、幸福論自体の自己撞着になる。したがって、おのれ一個の快適なる平安というよりは、もっと超個的な他者包括的な目的ないし根拠が把握せられなければならぬ。言い換えれば、幸福の本質は、しかく自己内在的なものではなくて、もっと自己超越的なものでなければならぬのである。

第二節　自己超越論（没我的幸福論）

アリストテレスの幸福論の核心は、時間的には刹那に囚われないで永遠のうちに生きよという提唱であると共に、主体的には己ひとりの私に執することなく、もっと普遍的な超個的な主体に即せよ、という要望である。その超個的普遍的基準によって、一人おのれの刹那的意欲を統制するのが有徳なる生活ないしは有徳なる行動であり、その完遂に伴う自然な結果がよろこびだとする。そのよろこびの本質は、恣意の遂げられることにあるのではなく、行動の本旨が達成されることにある。そのためには

意志の実現が阻まれないこと、主体自身に即して言えば、その意志するところがそのまま成就する、すなわち「その欲するところ 即 ち成る」とならねばならぬ。また、そのよろこびの本質は、主観的形成にはなく、客観的実質にある。したがって、よろこびの本質は、我らの生活が、実質的に人生の本旨にかなうような内容のものであることにある。言い換えれば、実質的に我らの意うところ皆真理にかない、我らの為すところ皆人生の目的にそぐうことにある。

　一人おのれの恣意の成ることが、彼を幸福にするのではなくて、彼の生活の実質的内容が、人生の意義目的を全うし真理にかなうものであることが、彼の一生を幸福にするのである。それでは人生の目的は何か。主体的には人生の目的は己より他なる者、或る他者でなければならぬ。その他者には「人格的他者」と「非人格的他者」が考えられる。人格的他者とは例えば個人の集積としての「国家」であり、近代的国家観・近代的政治原理を根底とする近代の「立憲主義運動・自由民権運動」などがその具体例である。これらは個人がまずあって、その後、それらの個人の生活完遂のために国家があるとする個人主義的契約説的国家観に基づく。国家の本質は万人各個が生活の平安幸福を享受するための施設であると考える。個人という人格的なものから出発しながら、結局、その集積としての国家を想定し、非人格化しているのである。一方、非人格的他者とは例えば「文化」であり、超人格主義あるいは没人格主義（Transpersonalismus）[2]の唱導による「文化国家」などがその具体例である。そこでは個は、おのれ自

らの人格の裏(うち)に、その価値をもつのではなく、文化への献身寄与において、その働きのうちに価値をもつ。

　しかし、文化的業績の意義は、人間の人格的生活の価値にある。また、その成果を意義づけるものは他にある。我々の献身の的は充(み)ち溢(あふ)るるいのちの主体でなければならぬ。充ち溢るるいのちの主体とは人格的生命の主体であり、「大いなる他者」（＝神）とも呼ばれる。つまり幸福の秘訣は、己(おのれ)を超えていのち溢るる或(あ)る人格的他者を発見し、これを捕え、これに己を捧げ切ることである。彼のうちに己を没して己なきに至ることである。この没我的献身が人を真に活かし、彼をして真にいのち充ち溢れしむる。かくてこの生命溢るることのよろこびこそ、アリストテレスが必ず幸福に伴うと言ったその「よろこび」でなければならないのである。

第三節　人格的超個者と非人格的超個者

　家や国家あるいは全人類といった超個的な生活主体としての他者（非人格的超個者）の問題は、現実の実践生活における活ける生活主体として、どれだけ充実した主体的生命をもつか、あるいは、どれだけ真に人格的な生命の主であるか、ということである。例えば政治的支配服従関係ないしは封建的君公服従関係をもつ「君主国」においても、また平等な個人相互の関係をもつ「民主国」においても、いずれにせよ、民は常に切実に王（人格的超個者＝大いなる他者＝神）を求めている。なぜなら活ける人格への献身奉仕のみが人をして生きがいを感じさせるからである。そ

うした意味の非人格的超個者ではない人格的超個者に対する全人格的傾倒献身が幸福の秘訣である。古来、民は、その王において神を求めてきた。なぜなら、神のみが真に我々の全人格を受領して残りなき献身を遂げさせるからである。我々の求める超個的人格者たる他者は、単に量的に一個の己を超えるのみならず、質的に全く人間を超ゆる者でなければならない。しかも、人間的個にまさって充実した生命の主なる人格者でなければならない。そうした絶対超個的人格の充溢した生命の衷に己を没し得てこそ、我々は真に生きがいを感じることができるであろう。

第四節　超越神論

　絶対超個的生命の主体としての神とは、人間を絶対的に超えるもの、絶対的超越者としての超越神である。それは万有を超えるもの、理知をも超えるもの、すなわち哲学を超えるものである。ゆえに超越神は哲学的には極限概念である。一方、アリストテレスの「神」概念は、一切がそれに依存するけれども、自らは何ものにも依存しない者、絶対に自存自足する者である。しかし、それは万有に内在する神でしかない。万有に遍通し万物を通して発展するところの内在的生命でしかない。所詮、我々は哲学をもって超越神に到ることはできないのである。

　超越神とは、因果律に支配されない正に絶縁的原因力をもつ神である。また真の超越的人格神は純粋に宗教的なる信仰の対象である。特に、その超越性・人格性という点において、現代におけるカール・バルトの弁証法神学[3]にも見られるようなキリス

教神観が最も近い。この超越神観では神は原因ではなく創造主であると考える。その場合の創造とは全く新しく造りだすこと、また創造主とは無から有を生むものを指す。超越神たる人格神が世界を創造し、かつこれを摂理する。神は歴史を支配する。歴史ははじめから神によって定められた意図と方向をもっている。したがって歴史は不断に神の審判を受け、審判に伴う処置を受けていると考える。いわゆるキリスト教的摂理史観[4]である。

「小我（自我）を棄て大我（他者）につく」という言い方がある。この場合、大我は小我を発足地として到達された構想である。ゆえに、その他者は世界内在的、汎神論的な他者に過ぎない。したがって、生活の実際は小我的契機が大我の実質を規定しがちであり、この自我中心ないし人間中心主義により大我は「内在の神」となる。その内在の神は我々をして真に己を超脱することを可能にする他者ではない。また、小我（自我）を発足地として到達される大我（例えば「国家」や「民族」）への献身では本当の新しい創造は生まれない。真の幸福は己を超えていのち溢るる人格的他者を発見し、これを捕え、これに己を捧げ切ることだ。我々の求むる超個的他者は超越神でなければならない。

超越的人格神に到り得て、この神の前に己を捧げ、己を死して神のうちにのみ生きるということは、自我中心または人間中心の生活から、神中心の生活に移ることを意味する。この生活転向には痛烈なる痛みと血涙とを代償とする。宗教的には「回心」の経験である。この経験をしたものは、例えばアウグスチヌス『告白録』[5]、バンヤン『天路歴程』[6]、親鸞『歎異抄』[7]に描かれて

いるように、それを神の恩寵による撰(えら)びであり召(め)しであると信じた。それにより我々の生活の中心が我および我につながる人間同志から離れて、徹底的に超個的なる他者に住するに至る。人間生得の生き方を根こそぎ打ちかえられる。したがって、パウロはこれを神によって全く新たに創造しなおされる「新しい創造」（新生）と呼んだのである。

　人生を真に強固に目的づけ得るものは、人間と彼らの生活に内在するものではなくて、これに超越するところの徹底他者（超越的人格神）である。しかし、真面目に人生を考える者が、その知識・経験の加わり増すと共に、人の世に対する失望と悲哀との強襲を免れることはできない。人の世をただこの人の世にのみ即して見る時、厭世主義は必然の結論である。これを克服するには人の世を超えた足場（神の国の道場としての地の国という視点）がいる。これはキリスト教的信仰によって支えられた世界観であり、その信仰とは己を去って徹底的に他者に住することを意味する。この積極的転住が「新生」である。「人(ひと)新(あらた)に生まれずば神の国を見ること能(あた)わず」である。この新生が人を活かし、人生を真に幸福にする。すなわち幸福の秘訣は新生にある。人の救いは人のうちにはない。人の救いは人より他(ほか)なる者、世界より他(ほか)なる者にある。絶対的超越者たる神のうちにある。神は内在者でなく超越者である。この我ら自らを絶対に超越するところの生ける他者に逢うて、彼の裏(うち)に己を喪(うしな)い、彼において新なる生活の主体と中心を得、彼のいのちを以(もっ)てすなわち己のいのちとするに到らねばならぬ。これは我らが内在的世界を脱出して、超越的他者た

る神にまみゆることを意味する。それにより創造の主たる超越的人格神に信従し、神中心の生活によって新(あら)たにされ、新しい生命として生かされる幸福の意味を見いだせるのである。

2－2　要約者・注

1) 「アリストテレス」に関しては次の文献を参照。三谷隆正（1965）「アリストテレスの幸福論（述）」『三谷隆正全集・第4巻』岩波書店、pp.379-384。藤井義夫（1959）『アリストテレス』勁草書房。堀田彰（1968）『アリストテレス』清水書院。アリストテレス（1971・1973）『ニコマコス倫理学（上・下）』（高田三郎訳）岩波書店。今道友信（1980）『人類の知的遺産・第8巻 アリストテレス』講談社。山口義久（2001）『アリストテレス入門』筑摩書房。

2) 「超人格主義あるいは没人格主義」に関しては次の文献を参照。三谷隆正（1965）「世界歴史と基督の事実」『三谷隆正全集・第2巻』岩波書店、pp.139-160。

　なお「人格主義」に関しては次の文献を参照。エマニュエル・ムーリエ（1953）『人格主義』（木村太郎・松浦一郎・越知保夫訳）白水社。

3) 「カール・バルト」に関しては次の文献を参照。大木英夫（1984）『人類の知的遺産・第72巻 バルト』講談社。大島末男（1986）『カール・バルト』清水書院。カール・バルト（2001）『ローマ書講解（上・下）』（小川圭治・岩波哲男訳）平凡社。カール・バルト（2002）『バルト自伝』（佐藤敏夫訳）新教出版

社。

なお「弁証法神学」は「第1次大戦後の1920年代にヨーロッパで起こった特に主権的な神の自由を強調するプロテスタント神学運動で危機神学ともいう。その代表的な神学者がカール・バルトで、彼の『ロマ書』(1919) に出発点を持つ。彼は神の啓示が神学の課題であるとし、人間的体験や内面性を排除するのではないが、それらを基礎づけるものとしての神の自己啓示を強調した。これによって19世紀のプロテスタンティズムを自由主義、文化主義、歴史主義と批判した。神学は何よりもまず神を語らなければならない。しかし人間は罪人であるがゆえに神を語りえず、ただ神の語りを聞くことができるのみであるとして、神の啓示、神の言葉を強調した。また、バルトはキリスト中心的な啓示理解を展開し、ヒトラーとドイツ的キリスト者に抵抗、バルメン宣言 (1934) などを通してドイツ教会闘争を指導した」［寺園喜基 (2002)「弁証法神学」大貫隆・名取四郎・宮本久雄・百瀬文晃（編）『岩波 キリスト教辞典』岩波書店、p.1026］。

4) 「キリスト教的摂理史観」に関しては次の文献を参照。三谷隆正 (1965)「歴史と摂理」『三谷隆正全集・第4巻「神の国と地の国」補遺（Ⅱの前段末）』岩波書店、pp.1-25。

5) 「アウグスチヌス『告白録』」に関しては次の文献を参照。聖アウグスティヌス (1976)『告白（上・下）』（服部英次郎訳）岩波書店。高橋亘 (1966)『聖アウグスチヌス「告白録」講義』理想社。服部英次郎・藤本雄三 (1980)『アウグスティヌス 告

白』有斐閣。矢内原忠雄（1993）『アウグスチヌス「告白」講義』講談社。

6)　「バンヤン『天路歴程』」に関しては次の文献を参照。ジョン・バニヤン（1976・1985）『天路歴程正篇・続篇』日本キリスト教書販売。山本俊樹（1992）『バニヤンとその周辺—英文学とキリスト教』待晨堂。ロジャー・シャロック（1997）『ジョン・バニヤン』（バニヤン研究会訳）ヨルダン社。

7)　「親鸞『歎異抄』」に関しては次の文献を参照。唯円（編）（1931）『歎異抄』（金子大栄校注）岩波書店。親鸞（1957）『教行信証』（金子大栄校注）岩波書店。古田武彦（1970）『親鸞』清水書院。武内義範（1974）『親鸞と現代』中央公論社。早島鏡正（1992）『歎異抄を読む』講談社。ひろさちや・高史明・山﨑龍明（1993）『「歎異抄」を読む』すずき出版。杉浦明平（1996）『古典を読む　歎異抄』岩波書店。伊藤益（2001）『親鸞—悪の思想』集英社。

2-3　解　題

『幸福論』第二章「幸福とは何か」では、所謂(いわゆる)「新生」の問題が語られる。三谷によれば「人の世を唯(ただ)この人の世にのみ即して見る時、厭世主義は必然の結論である」（三谷 1965c, p.289）。しかし、私たち自身が無力な自己に目覚め、卑小な自己を認識し、自我中心の利己的な自己を放擲(ほうてき)し、生命を贈り届けて下さった「大いなる他者」「徹底他者」「超越他者」と呼ばれる「神」の愛に縋(すが)って、また別の表現をすれば、「棄私愛他」、すなわち「私」

を棄てて、大いなる他者たる神を徹底的に愛して、私たちは、新たに生まれ変わり、再び「新生」に恵まれて、感謝をもって、神に従って生き直す道を歩み始めるのである。新たに生まれ変わり、「神の国」を見て初めて、本当の人生が始まる。三谷は次のように述べる。「超越的人格神に到り得て、この神の前におのれを捧げ、おのれに死して神のうちにのみ生きるというふことは、自我中心または人間中心の生活から神中心の生活に移ることを意味する」(三谷 1965c, p.287)。そして「幸福の秘訣は新生にある」(三谷 1965c, p.291)と言い切っている。

上のように、第二章「幸福とは何か」では、自己内在的幸福論を超え、自己超越的幸福論に至る徹底他者たる神を中心にした「棄私愛他」に基づく幸福論について三谷は述べているのであるが、『信仰の論理』との対照においては「自我中心主義批判」を中心に次のことが指摘できる。

三谷は『信仰の論理』の最後を「私の一生の大野心(アムビション)は自己に死ぬ事である。而(しか)して他者裡に甦(よみがえ)る事である。それ以外の野心を持(た)度くないものと思ふ。願はくば此(こ)小著が、何人かの胸の裡に、同じ大望の焔(ほのお)をあほり得んことを」(三谷 1965b, p.100)という言葉で結んでいる。一方、『幸福論』においても「絶対超個的人格の充溢(じゅういつ)せる生命の裏(うち)におのれを没し得てこそ、われらは真に生きがひを感ずることができるであらう。幸福はさうした献身のうちにのみある。さうした意味の超個的人格に対する全人格的傾倒献身が幸福の秘訣である」(三谷 1965c, p.280)と述べている。文中の「絶対超個的人格」とは「大いなる他者」「徹底他者」

すなわち「神」のことであり、前の文全体として、三谷の「徹底他者論」の骨子が語られている。「徹底他者論」の対極には、三谷が批判する「自我主義」があり、前者を「神中心」と呼ぶのならば、後者は「個人としての人間中心」と言え、後者を克服した姿が前者とも考えられる。三谷は、自我ないし自己を、自我中心の「主観」としてではなく、主として実践的「主体」として捉える。『信仰の論理』において三谷は「独自性の所有者として考へらるる主体が、自己なるものである。然るに独自性とは何であるか。ある存在が、それ自身目的と考へられ、それが直に価値視せらるる時、その存在が独自値を有つに至るのである。それが独自性である。また個性である。故に自己とは本来、価値概念である」（三谷 1965b, p.24）と述べている。これは自我中心主義に基づく「自己内在的幸福論」を批判し、徹底他者たる神を中心にした「棄私愛他」に基づく「自己超越的幸福論」を説いたものである。

3.「第三章　苦難と人生」を読む

3-1　要　約

第一節　妬む神

モーゼの十戒の中に「われエホバ汝の神は妬む神[1]なれば、我を悪む者にむかひては父の罪を子にむくいて三四代に及ぼし、我を愛しわが誡命を守る者には恩恵をほどこして千代にいたるな

り」（出エジプト記 20・5−6）とあるように、神は、その愛し給う者に対して、さらに一層妬み深くありたまう。それ故か、我らが神に近づき、神において新たに生まれることに至る道は、常に必ず苦難を通してであり、決して怡楽の道ではない。

　プラトンの『ソクラテスの弁明』によれば、ソクラテスに死罪の判決が下された後、普段なら瑣細な事柄にも何時も彼を諫止する「裏に囁く神の声」が聞こえてこなかった、という。この守護の精霊の声は、ソクラテスが言うところによれば、為さんとするところを諫止するが、決して催進することはしない。上の時、その諫止する声が聞こえてこなかったということは、自分が為そうとしている死刑判決を受け入れることが善である証拠である、とソクラテスは考えた。精霊なる神ダイモニオン[2]は、その愛し給うソクラテスを終生、看まもりつつ、原則として彼を独立独行せしめる。ただ彼が正道を外れてあらぬ方に曲がろうとする時にのみ、来たって彼を諫止し邪悪から防ぎ守るというのである。

　古来より、人間の自由意志と神の全能との関係は、幾多の哲学者・神学者の頭を悩ましてきた難問題である。しかし、人生は自由意志の戦場である。我らは各自われみずからの意志を持つ。神は我らを自由意志の主体に造り、そうして我らを自由意志の主体に成長させ、生活させ、聖意図に参画させようとされた。従って、神は終始われらひとりひとりの行歩を見守って下さるのだが、神自らが手をひいてくれるのではなく、まず我ら自らが自分の責任で歩き出すことを待たれるのである。神は、このように入念細心に我らに自由を与え、かつこれを愛護しつつ、反面で

は又(また)この自由が神以外の方向に向かって伸びることを極端に嫌われる。それ故に、神は妬む神であると同時に、また妬むほどに慈悲深き神なのである。そうして、苦難の多いこと、真面目に人生を生きようとする人ほど一層深刻に苦難を経験すること、その理由は神が愛であり、人が自由であることに基づくのではあるまいか。

第二節　守護の精霊

　真実をもって人生を生きようと思う者は、天与の自由意志を主体として、真摯に己(おの)が独立の意志とその自由と責任とを守り、誠実に己が主体性を保持しなければならない。デカルト[3)]は「われ考(かんが)う、故に我あり」と言った。この言葉は自由意志の主体たる「我」と、この我に抵抗するところの「我ならぬもの」と、この二つの現実なる力の体験から生まれた。即(すなわ)ち、我は我を直覚すると同時に、その我の存在が限られたる不完全者の存在であることを直観する。しかし、この直観は、神という完全者の観念が既に我が裏(うち)に定位されているのでなければ生じ得ない。一方、メーヌ・ド・ビラン[4)]は「われ意志す、故に我あり」と言った。自由とは、このように意志主体としての我の意識と、この我を阻む者の意識と、これら二つの意識が相依り相逆らう活葛藤の意識である。不自由の意識がなければ、自由の意識もないのである。

　即ち、「我」と「我ならぬもの」とは、二つにして、しかも一つなのである。だから責任がある。我らの自由には、この責任が伴う。責任のない処(ところ)に自由はない。こうした自由とそれに伴う

責任との世界が道徳の世界である。我ら人間は、このような意味において自由意志の主体なのである。随(したが)って、我らの一生は我れ自らの責任において、我れ自らが生き営むべき一生なのである。我らが真実を傾けて正しき生活を追い求める時、神（守護の精霊）は邪道からの阻止を豊かに用意してくださる。しかし、その本人は、阻止のないことを唯一のたよりに、我れ自らの覚悟と責任とにおいて前進しなければならない。実践的当為の実現は、この冒険的契機なくしては成らない。ソクラテスのように、敢然として常識を超ゆる危地にも突進する。それによって、人は初めて神の激励に触れることができる。但(ただ)し、この激励は事後の嘉賞(かしょう)（善い事として誉めること）であって、事前の保証ではないのである。

第三節　苦難の意義

人生における最も深刻なる経験は「われ意志す、しかして我が意志に手向かう者実在す」ということである。なぜならば、この経験において我らは現実に自己と自己にあらざる他者との実在に触れるからである。

カントの『純粋理性批判』[5]の巻末近く提出される問題は「意志の自由」「霊魂の不滅」「神の実在」の三つに極まる。この三つの問題に対して真に熱切な関心を持っているものは、単に思弁的な理論理性ではなくて、むしろ専(もっぱ)ら実践理性である。このような立場に立てば、「我ら何を知り得るや」ではなく「我ら何を為すべきや」ということが主題となる。その実践理性が最大限に発

揮されるのが、純粋に道徳的な意志活動においてである。その場合であっても、圧倒的な他者の抵抗阻止にあって見るかげもなく崩れついゆる経験をすることもある。その時、我らは痛烈深刻に己の微小無力さを悟らされる。しかし、この悟りが我らを小さく萎縮させずして、却って我らを己の弱小より解放し、もっと広いもっと力充ち満ちたる者の掌中に我らを安住せしめ暢びしめるのである。そうして我らは全く新たなるいのちに溢れるのである。一度死して再び生き、そして溌剌たる新生のよろこびに満たされるのである。

　それは同時に、真の実在者の実力に触れ、人生において真に力となり頼みとなる超越的実在者が誰であるかを知らされる体験である。この己のいのちそれ自体を、人間的自我を絶して遥かに雄偉かつ充実せる他の活けるいのちに結ぶことによって、我より他なるいのちが我の裏に住するようになる。いのちの主体が改まるのである。ひとたび死して新たに生まれ変わるのである。このような主体的更生または新生なくして、積極的なる幸福の実質に与ることはできない。つまり、新生なきところに真のよろこびと幸福とはないのである。

3-2　要約者・注

1) 「妬む神」とは次のような意味である。すなわち、三谷が引用している文語体聖書の出エジプト記20章にある「妬む神」は口語体聖書（新共同訳）では「熱情の神」になっている。これを英訳聖書で見るとジェラシー（jealousy）という言葉があ

てられており、その語義は「自分に相手の愛情に対する権利があると考えられる場合で、相手の愛情が自分から去っていくのをつなぎ止めておきたいときの感情」［土居健郎（1997）『聖書と「甘え」』PHP研究所、p.62］である。神を被造物（人間）の身で自分たちにひきつけ擬人化すること、すなわち神の人間化は許されないが、「神のjealousy」という意味は、三谷が言うように、神は「妬む神」であると同時に、また妬むほどに慈悲深き「熱情の神」でもあるということである。

2）「ダイモニオン」に関しては次の文献を参照。三谷隆正（1965）「ソクラテスのダイモニオン」『三谷隆正全集・第4巻』岩波書店、pp.506-515。

　なお「ダイモニオン」とは「ギリシア語のダイモンという名詞の形容形で、ダイモンの・ダイモン的な、の意。そしてダイモンは、神と人間との中間者であって、たとえば、神の命令を人間にわかるように、また、人間の祈願を神にわかるように翻訳し、人間からの犠牲を神へ、また神からの犠牲のお返しを人間へ伝達する役目を持ち、すべての予言者や神官たちの技術はこのダイモンを通じて行われると当時考えられていたものである」［山本光雄（1967）『ソクラテスの死』角川書店、p.215］。キリスト教信仰の立場から言えば、ダイモンは、神とイエス、イエスと人間とを仲介し結びつける働きを持つ「精霊あるいは聖霊（spirit）なる神」に近い。因みに、その聖霊なる神の結びつける働きのことをスピリチュアリティ（spirituality）と呼ぶ。

3)「デカルト」に関しては次の文献を参照。野田又夫（1966）『デカルト』岩波書店。伊藤勝彦（1967）『デカルト』清水書院。小泉義之（1996）『デカルト＝哲学のすすめ』講談社。

なお、「われ考う、故に我あり。Cogito ergo sum.」という言葉は『省察』第1頁にある。「デカルト『省察』」については次の文献を参照。デカルト（1949）『省察』（三木清訳）岩波書店。山田弘明（1994）『デカルト「省察」の研究』創文社。所雄章（2004）『デカルト「省察」訳解』岩波書店。福居純（2005）『デカルトの「観念」論—「省察」読解入門』知泉書館。

4)「メーヌ・ド・ビラン」に関しては次の文献を参照。メーヌ・ド・ビラン（1997）『人間の身体と精神の関係—コペンハーゲン論考1811年』（掛下栄一郎・大崎博・阿部文彦・益邑斉・北村晋訳）早稲田大学出版部。メーヌ・ド・ビラン（2001）『人間学新論—内的人間の科学について』（増永洋三訳）晃洋書房。北明子（1997）『メーヌ・ド・ビランの世界—経験する「私」の哲学』勁草書房。アンリ・グイエ（1999）『メーヌ・ド・ビラン—生涯と思想』（大崎博・益邑斉・藤江泰男訳）サイエンティスト社。中敬夫（2001）『メーヌ・ド・ビラン—受動性の経験の現象学』世界思想社。

5)「カント『純粋理性批判』」に関しては次の文献を参照。三谷隆正（1965）「カントの有神論」『三谷隆正全集・第2巻』岩波書店、pp.7-11。カント（1961・1961・1962）『純粋理性批判（上・中・下）』（篠田英雄訳）岩波書店。岩崎武雄（1965）『カント「純粋理性批判」の研究』勁草書房。牧野英二（1993）『カ

ント純粋理性批判の研究』法政大学出版局。小林利裕（1997）『カント「純粋理性批判」研究』近代文芸社。香川豊（1998）『カント「純粋理性批判」の再検討』九州大学出版会。黒崎政男（2000）『カント「純粋理性批判」入門』講談社。

　また「カントの生涯と思想」に関しては次の文献を参照。小牧治（1967）『カント』清水書院。坂部恵（1979）『人類の知的遺産・第43巻 カント』講談社。中島義道（1997）『カントの人間学』講談社。坂部恵（2001）『カント』講談社。

3－3　解　題

　『幸福論』第三章「苦難と人生」では、第二章に引き続き、所謂「苦難と新生」の問題が語られる。三谷によれば、この世は失望と悲哀に満ちている。例えば、如何に自分が強い意志を持っていても、それだけではどうにもならない厳しい現実を、私たちは至る所で経験する。「わが意志に手むかふ者実在すといふこと」「この経験に於いてわれらは現実に自己と自己にあらざる他者との実在に触れ」（三谷 1965c, p.308）、「圧倒的な他者の抵抗阻止に会うて、見るかげもなく崩れつひゆる経験」（三谷 1965c, p.311）をするのである。

　私たちは、この苦難を通じてのみ、「真の実在者の実力に触れ、人生に於て真に力となり頼みとなるものが何であるかを知らされる」（三谷 1965c, p.313）。その時、私たちは「ひとたび死して新に生れかはる」（三谷 1965c, p.314）のであると、三谷は述べる。そして「斯かる主体的更生または新生なくして、積極的な

る幸福の実質に与ることはできない」(三谷 1965c, p.314)、「新生なきところに真のよろこびと幸福とはあり得ない」(三谷 1965c, p.316) と「苦難と新生」の意味を語っている。

上のように、第三章「苦難と人生」では、苦難の現実を否定することなく生きる意味と、それを可能にする「新生」の体験について三谷は述べているのであるが、『信仰の論理』との対照から次のことが指摘できる。

三谷は「自我中心主義」を、すべての罪と神忘却の源と考えていた。これは『幸福論』で展開される罪とは自己追求であるというルター以来の贖罪(しょくざい)の概念規定に沿った考え方であるが、それは同時に自我中心主義批判であり、自我中心主義を、抽象的・思弁的概念ではなく、古来より続く歴史的・具体的な概念であると位置付け、それが近現代においても継続し蔓延(まんえん)していることに注意を促している。この自我中心主義こそが人間の不幸の原因であり、人間の罪であり、そのような神からの離反により、神を不幸に陥れて、如何にして人間が幸福になり得るか、人間自身の罪が贖(あがな)われるか、というのが三谷の主張なのである。

このことを『問題の所在』において三谷は「そもそも神の幸福を害(そこな)ふところ根本原因が、人の罪であります。罪に於いて人が神から背(そむ)き去つたことであります。神の悲み給ふこととて、人間のこの離反の如(ごと)きはないのであります。故(ゆえ)に人間が真心から悔いて父なる神のみもとに帰る時、その時にそれだけで神の幸福は完(まっと)うせられるのであります。さうして神は人間をして其(その)最初の離反より立ちかへらしめ父なる神の愛のふところに復帰せしめ

んが為(た)めに、あらゆる手段を用ひて惜み給はず、終(つい)に聖子基督(キリスト)を降(くだ)して之(これ)をして十字架上の死をさへ忍ばしめたのであります」（三谷1965d, p.187）と述べている。人間が真に、その罪を懺悔して、悔い改め、神の御許(みもと)に戻る時、その時、新しき人間として再生する。贖罪の事実に勝る幸福の保証はないのであり、それは自我中心主義からは決して生まれないものなのだと三谷は主張しているのである。

この自我中心主義の対極にあるものが「徹底愛他主義」であるが、三谷は『信仰の論理』において「愛の根本は棄私である」（三谷1965b, p.50）と言い切り、棄私の敢行を強く訴え、「徹頭徹尾自己を殲滅(せんめつ)せよ」（三谷1965b, p.52）と強調する。この立場が「徹底愛他主義」であり、その究極的な愛の対象は「徹底的に私を絶して居(お)り、一切自我を超絶せるをその特色とする」（三谷1965b, p.55）者、すなわち「徹底他者」（神）なのである。

但(ただ)し『幸福論』において展開される「信仰の論理」では、「徹底愛他主義」の「愛他」とは、まず「徹底他者」すなわち「神」（絶対他者）への愛であることの他に、「愛他」とは、その神が愛し賜(たま)う人間（具体的他者）でもあると述べられている。あくまでも神が先で具体的な人間は次にくるということは変わらない。否(いな)、私を棄てて神を徹底して愛したならば、必然的に隣人（具体的他者）をも愛すことになるという主張なのである。「徹底愛他主義」とは、このような含みをもつ概念であることに注意を要する。

4.「第四章 新しき創造」を読む

4-1 要　約

第一節　パリサイの濫觴(らんしょう)

　ソクラテスの幸福論は道徳的主知主義に立脚するものであった。即(すなわ)ち、人が不善を為すのは無知だからである。知識を授けられれば、人はおのずから不善を為ないようになる。何故(なぜ)ならば善き生活は幸福な生活であり、悪(あ)しき生活は不幸なる生活であるのだ。人誰か生活の幸福を願わざるや。悪を悪と知りさえしたらば、人は慄然(りつぜん)として悪を離れるだろう。喜んで善を為すであろう、とソクラテスは考えた。

　しかし、我らの実践生活における最も根底的な問題は、果(は)たして知不知の問題だろうか。明智さえ備わったならば、それでおのずから我らの生活が善くなるのであろうか。明智さえあれば、その明智に随(したが)って善を実行する実践力は、言うまでもなく我らが既に持っているものなのであろうか。悪は果たして無知の生む子であろうか。問題はもっと深刻に実践的な所にあるのではないか。実践力それ自体の欠けたることにあるのではないか。有知無知の問題よりも、もっと切実な実力問題であるのではないか。

　紀元前2世紀中頃、マッカベウス[1]の一族がイスラエルの民の内、わけても伝統のユダヤ教に熱心で国粋的愛国者の一派を率いて、当時聖地エルサレムを中心とするパレスチナ全体を属領と

していたシリア王に対して、ユダヤ国の政治的ならびに宗教的独立を確立しようとして、およそ25年間戦った後、極めて短期間一時的に王が大司祭を兼ねる独立王国樹立（紀元前142年成立のハスモン朝）に成功したことがあった。それは言ってみれば、ギリシア政権とローマ政権との交替途中の過渡的な異変でしかなかったが、そのマッカベウス一派の国粋主義的独立運動は余りにも苛辣(からつ)にして排他的であった。したがって四隣の異民族がひとしく反感をもち、進んでは憎悪さえもつに至った。ユダヤ人は憎まれた。またユダヤ人もますます異民族を憎んだ。そしてうち殺していった。それは次第に同胞でさえ異邦（ヘレニズム文化）にかぶれた者は、同様にうち殺したのである。

　そのような情況の中で、後にシリア王は令を出してユダヤ人に信教の自由を認めてやり、彼らが彼ら固有の宗教を堅持することを許した。マッカベウスの反乱は、もともとこの宗教的自由を獲得・確保することを目的とするものであった。そうならば、もはや宗教的には反旗を掲げ続ける理由がないわけである。したがって、マッカベウスに従っていた者の内、最も内面的にして純信仰的であった一派は、シリア王のこの新令に満足し、依然、反乱を続けようとするマッカベウス一派から分離帰順した。ヘブライ語で言う「パリサイ」という言葉の語義は「分離・分別」であるが、この分離派が新約聖書を通して世界に知れわたるに至ったパリサイ派なるものの濫觴(らんしょう)（おこり）である。

第二節　パリサイ主義

イエス時代のパリサイ派[2]は社会の上層に位し、国民教化の実力を持てる指導者階級であった。そうして、彼らの実力発揮の主たる場処がいわゆるシナゴーゲ（ギリシア語：集会）であった。このシナゴーゲはアレキサンドロス大王以後のギリシア文化光被時代に主として亡命離散のユダヤ人達の間に発達した。イエスの時代には最早このシナゴーゲ制度はパレスチナ内外のユダヤ人間に確固たる根を下ろしていて、エルサレム、アレキサンドリア、ローマなどという大都市には、いくつものシナゴーゲ会堂があった。

シナゴーゲ会堂では、祖国とその神殿とを失った流浪のユダヤ人が、祭壇も何もなしにただ集まって、共にモーゼ律を誦し、預言書を学び、また祈祷を唱和した。その理性的で無儀式な平民的礼拝、極めて内面的精神的な礼拝の場処がシナゴーゲであった。そこでの中心的な行事は、安息日ごとに集い、モーゼの律法を教え諭し、預言書の意味を解き明かすこと、すなわち聖典奉読と説明とであり、その後の教会において行われるようになった方法の元祖である。また、そこでは別に祭司という聖職者はおかず、会衆皆平等であり、イエスが行ったように、誰でもその力のある者は、起こって聖典を講じ、所見を述べる権利があった。

このシナゴーゲにおける宗教の本質は、祭りではなくて教えである。神の道を知り真の智慧に到り得たる者が、真の敬虔者である。徳育と知育とは一致する。知識と信仰とは帰一する。すなわち、当時一般に行われていた各種のギリシア哲学におけるのと

同じ主知主義がシナゴーゲにおけるユダヤ教の信仰の基調であった。したがって、信仰は学習せられ得るはず、宗教は善知識が教導して、これを人々に教え込むことができるはずである。その理想とするところは正にソクラテスやストアの哲学におけるのと同じ智者または賢者であった。パリサイは、この意味の賢者であり、シナゴーゲにおける教導者であった。

しかし、ギリシアの神が人間的神であったのに対し、ユダヤ人、殊にパリサイ派の神はあくまでも超越的な唯一神であった。そこではモーゼ以来、神によって直接啓示される教法を学び、それにより自分たちの生活を規正することが敬神であるとされた。また、この教養を積むことが直ちに信仰においても成長することであると考えられた。パリサイ派の人々がすべて教法学者ではなかったが、相携えて民衆の教育訓練に専念し、モーゼ律の専門家としては法律家、教養の先達としては学者・思想家となったのである。

一方、パリサイ主義の最大の特徴は、神についての知識を重んずると同時に、またモーゼ律への絶対服従、すなわち神の意思への全き服従にあった。その端緒では、それが正しく機能し、実際、真実の高士がいた。しかし、人間は知識（「知」）あれば知識に矜り、善行（「行」）あれば善行に矜り、信仰（「信」）あれば信仰に矜りがちなものである。パリサイ派も国民の精神的指導者たる教学の実権を握ると、「知」と「行」と「信」の矜りがひとつに固まって、次第に庶民大衆を眼下に見下すようになってしまった。自分たちだけが正しいと思い込むようになった。日常生活の

細々とした部分まで教学で拘束し、それに違反した者は、祖先の遺訓、そして何より教学に背く者であり、また、それらの人たちをローマ帝国の力を借り、罰しようともした。

そのことを指してイエスは次のように言う。「わざはひなるかな、偽善なる学者パリサイ人よ、なんぢらは人の前に天国を閉ざして自ら入らず、入らんとする人の入るをも許さぬなり。わざはひなるかな、偽善なる学者パリサイ人よ、汝らは一人の改宗者を得んために海陸を経めぐり、既に得ればこれを己に倍したる地獄の子となすなり」(マタイ伝23・13以下)。

第三節　パウロとニコデモス

善は善知識からではなく、ただ善の実践を通してのみ知り得る。また、人間の悪の根底にあるものは、善知識の貧困であるよりも、善意思の欠乏である。したがって、パリサイのように善について細かい知識をいくら積み重ねても、その知識からは善き生活は生まれてこない。このことについてパウロとニコデモスの例を見てみよう。

使徒パウロ[3]（ヘブライ名サウロをローマ風に直したもの）は、パリサイ派の名家に生まれ、この派の訓練を充分身につけて成人した秀才であった。だから彼はモーゼ以来の伝統教法に対して熱心な擁護者であったと同時に、教えを異にするキリスト者を迫害していた。しかし、パウロはある日を境にまったく別人となった。その日、彼はキリスト者迫害の目的を以て旅に上り、キリスト者一派の根絶を期する者の如く、昂然として北方の大都ダマス

コ（現在のシリアのダマスカス）に近づきつつあった。その途上、彼は突如として天来の光と声に触れ、畏れて地に倒れ伏してしまった。そうして三日の間、眼が見えず物も喰べなかったという（使徒行伝9・1-9）。その後、主の力により眼は再び見えるようになったが、以前のパウロとは全く別人となっていた。この全く別人となった変化を指してパウロ自身それを「新しき創造」[4]と呼んでいる。パウロは、その後、「新生の使徒」として、キリストの福音をローマ帝国の全版図に広めて、これを世界的宗教にまで昇華し、もろもろのユダヤ的夾雑物からキリスト教を解放したのである。

　ニコデモス[5]は、パリサイ派の高士で有徳の教法師であった。このニコデモスはイエスの言動に感じて深き敬意をイエスに寄せていた。特にイエスがついに刑死した時、埋葬の資として高貴な香料若干を携えて弔問したことで知られている。そのニコデモスがエルサレム滞在中の生前のイエスの許を訪ねて、「師よ、われらは汝の神より来る師なるを知る。神もし偕に在さずば、汝が行ふこれらの徴（奇跡）は誰もなし能はぬなり」（ヨハネ伝3・2）と言って、彼はイエスに対する敬意と理解を表白しようとした。しかし、それに対するイエスの答えは「まことに誠に汝に告ぐ、人あらたに生れずば、神の国を見ること能はず」（ヨハネ伝3・3）というニコデモスにとって虚を衝かれたものだった。ここからも、ヨハネ伝伝記者が「新生」の意味についてはっきりとした理解をもち、また、新生の尊貴を説いていることがうかがえる。

第四節　内心分離

パウロは、その新生、彼のいわゆる「新しき創造」において如何につくりかえられ、如何に新しく生れ変わったのだろうか。

まず第一に変わったことは、自分自身についての道徳的自負を根こそぎ打ち砕かれたことである。回心前のパリサイ人サウロは、道徳的主知論者であり、確信ある自力主義者であった。しかし、回心後のパウロは、まるでその逆であった。彼自らはっきり言っている。善を知らないのではない、善を実践することができないのだ、自分にその力がないのだ、と。この実践の力さえ豊かであれば、道についての智慧はおのずからにして増し加わる。故に見よ、真摯なる求道人は必ずや又真摯なる人である。決然、身を挺して全生活を実践に賭ける人であり、パウロもそういう真摯なる行動人であった。だからこそ又一倍、痛烈深刻に己が実践能力の不足を自覚するに至ったのである。

それはいわゆる「内心の分離 (internal schism)」［内村鑑三著『求安録』[6] 参照—原著のまま］である。心の内に二つの原理的な力が働いていて、その二つの力が全く反対の方向に相剋するのである。パウロは、この二つの力の内、ひとつを己が「うちなる人」または「霊」または「心」と言い、他を己が「肢体」または「肉」と言っている。ひとりの人が、この霊と肉との間に裂かれるのである。しかし、終始一貫して霊が主にして肉は従である。この霊がパウロの本体である。そうして、この霊が肉における「死の体」からの解放を求めて叫び苦悶しているのである。この苦悶は、あくまでも己が使命と品位とを自棄せざる霊の苦悶で

あるから、それは真の意味において謙遜なる苦悶である。この謙遜が人を自暴的虚無的絶望の深淵から防護する。なぜならば自暴自棄とそれに伴う虚無的絶望とは、不遜なるものの虚勢的粉飾に他ならないのであるから、真実なる魂はこのような虚飾に耐えられないのである。したがって、自暴自棄にはならず、真実傾けて悶え苦しむのである。

　パウロの苦悶には、この真実と謙遜があり、それをもってパウロをして真の生命と力との源なる活ける神の前に無条件に跪かせた。それにより、「旧き人」と、そのあらゆる矜りとを脱ぎ捨てることができ、罪から解放され新しく生まれることができたのである。この新生はパウロの自力によって達成されたものではなく、神による他力によって初めて達成されたものである。その際、罪なきイエス＝キリストが罪ある人間に代わって、その咎を身に受けることによってのみ、罪は克服せられ、義は全うされ、善が実現される。こういう信仰がパウロを肉における無力さから解放したのであり、これが、いわゆる「贖罪の信仰」[7]である。この解放は神による解放であり、救いであり、自力による解脱ではない。それは全く新しい力が付与されて、その霊的構造をすっかり改造された「我」が解放されたのであり、内心分離の絶望的苦悶を陣痛として新たに生まれたのである。したがって、これを「新生」と呼ぶのである。

第五節　真の自由人

　新生による変化の第二は、「解放による霊の自由さ」である。それは内心分離の厳粛なる陣痛の苦しみを経て後の、新しきいのちに躍る溌剌(はつらつ)たるよろこびである。この自由は、ほぼ三つのものからの解放を意味する。1には律法からの解放、2には自己とその無力さからの解放、3には滅びとその怖れからの解放である。律法または教法からの解放は、いわゆる反誡律主義（Antinomismus）となって流露する。それは親鸞やパウロの如く、道学臭からの徹底的解脱であり、それにより活溌溌地たる生ける魂をもつ自由人の境地へと至る。もちろん誡律が全(すべ)て無用だというのではない。しかし、善は誡律以上のものであり、人生の意義は道学を超ゆるものであるのだ。人のための安息日であって、安息日のための人間ではないのだ（マルコ伝2・27）。

　教法からのこの解放は、その半面においてまた自己からの解放である。殊に自己の無力さからの解放である。教法の桎梏(しっこく)あればこそ、あわれむべき内心分離の性格破産者たりしこの自己である。その桎梏が釈(と)かれると共に、自己の道徳的無力さは問題にならなくなる。いわゆる親鸞の如く絶対他力の心境である。パウロは「われキリストと偕(とも)に十字架につけられたり。最早(もはや)われ生くるにあらず。キリスト我が内にありて生くるなり」と言う。教法から解き放たれ自己に死にたる我は、新たに生まれたる我である。旧き我は教法のもとに刑死したのである。最早われ生くるにあらず、である。正にパウロの言う「新しき創造」である。

　新生のよろこびは、ほろびから救い出された者のよろこびで

ある。ただただ恩寵恩賜のよろこびである。旧きは死にて全く新たにつくられるよろこびである。「古きは既に過ぎ去り、視よ、新しくなりたり」（コリント後書5・17）である。すなわち新生は自分の自力で到達した境地ではないので、そのよろこびは純粋に受身のよろこびなのである。そして、新生は一切の道徳的精進と必然的にそれに附随するところの矜恃とに対して一応絶縁を宣言する。不道徳的ではないが非道徳的または超道徳的な生活態度である。だから自由無碍である。この自由さが新生における最も顕著なる性格である。新生人は自由人なのである。

　一方、真に建設的なる真理のために労する者は、しばしば世に辱められる。十字架上に刑死したイエス＝キリスト[8]のことは言わずもがな、法然・親鸞は流され、日蓮は散々に打たれ罵られた。しかし、彼らはすべての侮辱に耐え、報復もしなかった。このように新生の人は恥辱に克つことができる。なぜなら彼らが自己に死して神に生きているからである。それはいのち充ち溢れていささかの凝滞もなく、自由無碍にして暢達の限りなる至幸至福の境地であるからである。

4-2　要約者・注

1) 「マッカベウス」に関しては次の文献を参照。村松剛（1963）『ユダヤ人―迫害・放浪・建国』中央公論社。A. シーグフリード（1967）『ユダヤの民と宗教―イスラエルの道』（鈴木一郎訳）岩波書店。栗栖ひろみ（1996）『マカベアの反乱』明窓出版。フラウィウス・ヨセフス（1999）『ユダヤ古代誌〈3〉旧約

時代篇（8・9・10・11巻）』（秦剛平訳）筑摩書房。大澤武男（2001）『ユダヤ人とローマ帝国』講談社。

2)「パリサイ派」に関しては次の文献を参照。J. ボウカー（1977）『イエスとパリサイ派』（土岐正策・土岐健治訳）教文館。J. ニューズナー（1988）『パリサイ派とは何か―政治から敬虔へ』（長窪専三訳）教文館。マックス・ヴェーバー（1996）「パリサイびと」『古代ユダヤ教・下巻』（内田芳明訳）岩波書店、pp.909-1004。

3)「パウロ」に関しては次の文献を参照。山谷省吾（1942）『パウロ』弘文堂書房。石原兵永（1972）『パウロの生涯』山本書店。佐竹明（1981）『使徒パウロ』日本放送出版協会。八木誠一（1980）『パウロ』清水書院。木下順治（1986）『パウロ―回心の伝道者』筑摩書房。佐古純一郎（1991）『ダマスコの回心』朝文社。井上洋治（1998）『キリストを運んだ男―パウロの生涯』日本基督教団出版局。エティエンヌ・トロクメ（2004）『聖パウロ』（加藤隆訳）白水社。

4)「新しき創造」に関しての聖書の記述は以下の通り。「人もしキリストに在らば新に造られたる者なり、古きは既に過ぎ去り、視よ、新しくなりたり」（コリント人への後の書5・17）。「我キリストと偕に十字架につけられたり。最早われ生くるにあらず、キリスト我が内に在りて生くるなり。今われ肉體に在りて生くるは、我を愛して我がために己が身を捨て給ひし神の子を信ずるに由りて生くるなり」（ガラテヤ人への書2・20）。「即ち汝ら誘惑の慾のために亡ぶべき前の動作に属ける舊き

人を脱ぎすて、心の霊を新にし、真理より出づる義と聖とにて、神に象り造られたる新しき人を著るべきことなり」（エペソ人への書4・22-23）。（＊なお、聖書からの引用は、三谷隆正に合わせて、以下、日本聖書協会（1887）『舊新約聖書』［文語］より行う。）

5）「ニコデモス（ニコデモ）」は「ユダヤの最高統治機関である衆議会議員であり、パリサイ派に属する人で、イスラエルの教師と呼ばれる民の指導者であった。ニコデモスはヨハネ福音書だけで三回登場する。ただし、イエスと言葉を交わしたのは初めの一回だけであった。彼は自分の置かれた立場と身分のゆえに、体面を考えて夜ひそかにイエスを訪ねた。すでに衆議会の大勢はイエスについて反感を抱いていた。しかし、ニコデモスはイエスの行われる徴のことを聞いて、そこに何かあるのではないかと気になっていたのである。それでも、ニコデモスのイエスへのアプローチの仕方は、イエスを罠にかけようとするパリサイ派やヘロデ派の人々のそれとは大差なく、おだてに乗せるような誉め言葉で始まっている。『ラビ、我らは汝の神より来る師なるを知る』（ヨハネ伝福音書3・2）。それへのイエスの対応はなかなか厳しいものだった。『人あらたに生れずば、神の國を見ること能はず』（ヨハネ伝福音書3・3）。つまり、あなたは今のままでは神の国に入ることはできないという拒絶の言葉である。ニコデモスは自分の高い身分と立場からしか判断しようとしなかった。そのためにイエスの言うことがわからなかったようである。それでイエスの叱責を受ける。

『なんぢはイスラエルの師にして、猶かかる事どもを知らぬか』（ヨハネ伝福音書3・10）。金持ちで自分の地位に固執したままではイエスが述べる価値観は受け入れられるものではなく、回心（悔い改め・メタノイア）による視点の移動、社会の底辺に立場を移すこと（新しき創造による新生＝生まれ変わること）が必要であると諭されたようである。二度目にニコデモスが登場するのは、衆議会での審議の場面である。イエスを抹殺しようという熱気と焦りが議会に漲っている時であった。その中でニコデモスは『われらの律法は、先その人に聴き、その為すところを知るにあらずば、審く事をせんや』（ヨハネ伝福音書7・51）という勇気ある発言をしている。裁かれる側、すなわち弱い立場に立たされた者の権利を守れ、というものであった。かつて、イエスとの出会いを通して叱責を受け、拒絶されたことが、ニコデモスの生きる姿勢を変えていたことがわかる。最後にニコデモスが登場するのは、イエスの埋葬の時（ヨハネ伝福音書19・39）である。もはや彼は衆議会の意志に公然と対立し、罪人・イエスの側に立ち、その葬りのために、アリマタヤのヨセフと共に、イエスの遺体を引き取り、没薬と香料を混ぜたものを遺体に塗り、亜麻布で包んで墓に葬った。ニコデモスはすっかり変わっていた。衆議会議員としての権威も、パリサイ派、イスラエルの教師としてのプライドも棄てる覚悟がなければ、このような行動は取れない。弱者の側に立ったイエスの叱責や厳しい非難があったればこそ、社会的な権威者、宗教的な指導者にも真の回心が導き出されたのである」［本田哲郎

(1991)『小さくされた者の側に立つ神』新世社、pp.54-56]。
6) 　三谷の信仰上の師・内村鑑三の贖罪論は、特にその著作『求安録』[松沢弘陽（編）(1984)「求安録」『内村鑑三』中央公論社、pp.225-320]の下篇「贖罪の哲理」で展開されている。同書の上篇では、内村の内面の心の悩みと分裂、すなわち罪の問題、次にそれからの脱罪術（リバイバル・学問・天然の研究・慈善事業・神学研究・神学校）および忘罪術（ホーム・利欲主義・オプティミズム）が述べられている。しかし、上篇で試みた学問や事業や家庭などに救いを求めても結局効果がなかったとし、下篇では、改めて、罪の原理を説き、信仰によってのみ初めて救いが得られ、失われた楽園が回復されるとしているのである。
7) 　「贖罪の信仰」に関しては次の文献を参照。三谷隆正(1965)「贖罪論」『三谷隆正全集・第2巻』岩波書店、pp.161-170。野呂芳男(1961)「贖罪論の実存論的理解方向」浅野順一（編）『パウロ研究』創文社、pp.209-233。
8) 　「イエス＝キリストが十字架上に刑死した意味」に関しては次の文献を参照。三谷隆正(1965)「苦難の福音」『三谷隆正全集・第1巻』岩波書店、pp.153-158。

4－3　解　題

　『幸福論』第四章「新しき創造」では、三谷は、イエス＝キリストによる新生の事例として、パリサイ人でありイエス＝キリストの迫害者であったサウロ（パウロの回心前のヘブライ名）の

回心を詳述し、霊と肉の分裂による罪の苦悶から解放されたパウロの回心の経過を述べ、贖罪(しょくざい)信仰に言及して、「世界歴史は犠牲と贖罪の連続である、贖罪は歴史の法則であると言つて過言でない。贖罪は最も深刻にして最も現実なる活事実である。パウロはイエス・キリストの刑死に於(おい)て贖罪死の最大なるものを見た」(三谷 1965c, p.342)と述べている。こういう所謂「新生の喜び(いわゆる)」は自力で獲得して達成された喜びではない。絶対他者である神による「ただただ恩寵恩賜のよろこびである」(三谷 1965c, p.345)。

こうして新たに生まれかわった「新生」の人は「真の自由人」になる。そのような「新生」の人、乃至(ないし)は「真の自由人」は世の中の些事(さじ)には拘(こだわ)らない。そればかりか彼は「自家の面目にこだはらないし、義理人情にもひきずられない。さういうものを乗り越えて恥辱に耐へることができる。……(中略)……それはかれが自己に死して神に生きて居(い)るからである。……(中略)……時代の道徳的評価に臆せず、人の世の恥辱に克(か)ち得る魂でなければ、真に人を救ひ国を興すことはできない。……(中略)……これは実に偉大な事である」(三谷 1965c, p.348-349)という。この意味で「他者に於て、他者よりして、他者の力によつて生きる――これが宗教であり、これが又生の眞の相」(波多野 1969, p.216)なのである。

上のように第四章「新しき創造」では、宗教的信仰の教えから、真の自由人を目指す新しき創造について三谷は語っているのだが、『信仰の論理』との対照から次のことが考察される。

三谷にとって徹底他者としての神は超越的人格神であるが、

『幸福論』では更に明確に「人生を真に目的づけ意義づけ得るものは、人間とかれらの生活に内在するものでなくて、之に超越するとこころの徹底他者である。さうした他者は超越的人格神よりほかにはない」（三谷1965c, p.288）と述べている。その徹底他者の特質は「超越性」と「人格性」にあるが、そのような徹底他者とは「聖書の神」を指す。そのことを『幸福論』では「まことの超越的人格神は純粋に宗教的なる信仰の対象である。殊に基督教の神観は神のこの超越性と人格性とを明確に堅持し、そのためにあらゆる種類の汎神論的傾向と戦ひ来つた」（三谷1965c, p.283）と述べている。

　また、徹底他者と如何に出会うかという問題であるが、『信仰の論理』では「私を棄てる」といった自力の体験が強調されているかのように見えるが、それは誤解である。徹底他者による他力の働きが、自力の前提に、自力の根底に、自力の必然にあることは『幸福論』の次の文章によっても明らかである。「超越的人格神に到り得て、この神の前におのれを捧げ、おのれに死して神のうちにのみ生きるといふことは、自我中心または人間中心の生活から神中心の生活に移ることを意味する。而もその間の生活転向は中途半端を許さない。生得の全き神中心主義の生活に転じなければならぬ。それは深刻極まる生活転向である。恐らくは痛烈なるいたみと血涙とを代償とすることなしに此の転向を全うし得る者はすくなからう。それは乾坤一擲の決断である。何者かに導かれ励まされ力籍さるるのでなければ、到底人ひとりの自力だけでは成しとげ得ないであらう。宗教的にはこの転向

は 即(すなわ)ち回心の経験である。さうしてこの回心を経験した者はすべて之(これ)を以つて神の恩寵による撰びであり召(め)しであると信じた」（三谷 1965c, p.287）のである。このように回心による「新しき創造」による新生の重要性を三谷は強調しているのである。

5.「第五章　不幸の原因」を読む

5−1　要　約

第一節　生活の条件と生活の本質

　人間の不幸の源は何であるか。通俗には衣食住など人間的生活条件の整備が充分でないことが不幸の源であると考えられている。これらの生活条件が十分に備わっておりさえすれば、人間は幸福に生活することができるのだと考えられている。そうして確かに、これらの生活条件に欠陥があることは、幾多の不幸不安の源になる。そのことは否定できない。

　例えばベンタム（ベンサム）[1]によれば「最大多数の最大幸福」ということが社会生活の目標である。ただし「最大多数の最大幸福」は、幸福の質には触れないで、ただ量的にのみ規定している。その際、暗黙の内に前提されていることは、幸福は各自の適意なる生活の実現にあるということである。そのためには各自の適意なる生活が必要とする、その実現資料を可能な限り充分にかつ公平に各自のために用意する必要がある。資料さえ備われば、その資料を用いて人おのおのその欲するがままの生活をする。そ

れが、その人の幸福である。この幸福を最大多数のため最大量において確保せよ、これがベンタムの主張であり、ホッブス以来の伝統に基づく利己主義的個人主義的幸福観であり、これは英国の功利主義哲学の基礎的信条である。すなわち、生活の実質的内容には触れずに、任意の生活の一般的不可欠条件に即して問題を考え、この条件を充足整備することがすなわち幸福であると見るものである。

　ストアの幸福論では、如何なる不運にも安らかに悲しまざる心境に到達せよ、それが真の幸福に至る道であると訓えた。また、アリストテレスは衣食住など人間的生活条件の整備は一般的に人間生活のための不可欠条件であることを承認した上で、しかし、これらの条件の備わる限りにおいては最も純粋にして十全なる幸福は純粋知的観照の内にあると考えた。つまり、ストアにしてもアリストテレスにしても、幸福の真髄は理性の自立自足にありとするものなのである。けれども、現実の人間は理性だけで出来上がっている存在者ではない。人間はパウロの言う霊と肉との二元より成る者である。人間は肉だけでもない。霊だけでもない。人間的生活は霊肉二元相倚り相制約して休みなき葛藤、すなわち霊肉二元の弁証法的発展のうちに伸びてゆくのである。ただし、肉は人間生活の条件であって、その主体ではない。その主体は霊である。

　個人においても社会においても、生活条件の程度や量についての欲望には果てしがない。それは生活条件が生活の条件であって、生活の目的ではないからである。つまり、そこには「いの

ち」がないからである。いのちのない所にいのちの満足や幸福があり得るはずがないからである。イエスは、先ず真理を追い求めよ、何を措いても先ず正義のために健闘せよ、霊のいのちを充実せよ、しかるとき衣食その他の生活条件はおのずから具わるであろうと説いた。言い換えれば、生活条件は生活条件であって第二義的なものでしかない。第一義的な主題は神と共に不滅なる真理また正義の追求なのである。

第二節　二元相剋

パウロをして深刻なる苦悶の叫びをあげしめたるは霊肉二元の相剋である。人間のうち深く宿るこの二元のたたかいが人間におけるあらゆる不和と不幸との源である。決して生活条件の不備などが真の原因であるのではない。そういう不備にとらわれ貧に気臆するその臆病風が不幸の因である。即ち、原因は外になくして衷にあるのである。心のうちなる秩序のみだれにあるのである。霊と肉と主従ところを換えたる不秩序にあり、内心の分離にあるのである。

哲学者はしばしばこの二元性を一元的に説明し去ろうと企てた。しかし、現実の人生における実践的事実は斯かる一元的説明を以って蔽うべくもない。人生の実際は百の説明を絶して二元相剋の修羅場である。私たちに許されたる地上実践の現実世界は二元相剋の戦場である。人生における二元相剋のこの深刻なる戦いを如何に観ずるかではない。如何に戦うかである。深刻に実践的な問題である。しかして実践的な問題は実践によりてのほか解決

できない。ストアのような知的観照では解決できないのである。

第三節　禁欲の意義

　霊肉二元の相剋に対する実践的な解決努力は、洋の東西を問わず、先ず第一に禁欲主義の動向をとった。人間が人間である限り、何らかの程度で禁欲主義を実行せずして真実に人生を生きぬけることはできないであろう。ただ問題は、禁欲主義の意義目的であり、この意義目的が何にあるのかによって、おのずから禁欲の範囲緩厳が規定せらるるはずである。

　アウグスチヌスの『基督教要義』[2)] が示すように、体を制御して善きわざの御用に立てようというのが本道である。しかもそれは体を殺すためではなく、ただその欲情すなわちその悪習をとどめ、本来の秩序に随って体を霊の統御の下に置こうとするものである。つまり前の著書でアウグスチヌスが力説しているのは、禁欲の目的は体を殺すことにあるのではない、却って体を真に活かし又これを善用することなのである。したがって、アウグスチヌスは、飽くまでも肉体を愛護し、その悪習を除去して、代うるに良習を以ってしようとする、いわば肉体愛育主義とも言うべき態度をとったのである。

　アウグスチヌスのこの肉体尊重は彼の復活体論において一層あきらかである。彼はパウロの復活論を祖述しつつ、人間の死後の生活は、ギリシア哲学に言ういわゆる霊魂不滅というような漠然たるものでなく、個体的な体を具えての甦りであることを強調する。地上に地的肉体のあるように、天上には天的な霊体が

ある。我らは復活の後、その霊体を被(き)て永遠に生きるのである。これは極めて具体的な個性者としての人間各個の永遠生存論である。即(すなわ)ちアウグスチヌスは体の永遠的意義を認めたのである。活けるいのちの実体は具体的なもの、おのれにふさわしい体を具えて、多彩な内容充実せるものなることを力説したのである。

　このように深遠な肉体の意義を尊重するアウグスチヌスであるから、禁欲の目的は第二に肉体のこの意義を全(まっと)うせしめることでなければならぬ。それには精神（霊）と肉体（肉）との関係を本来の正しき秩序（霊が主で肉が従）にかえさねばならない。人類の始祖以来の原罪が霊肉の順位を逆転して、人間は久しくかつ深く霊肉間のこの不秩序（肉が主で霊が従）の故(ゆえ)に苦しんでいる。この秩序を再び「霊が主で肉が従」に正して、本来の順位にかえさんがための禁欲的修練なのである。

　一方、アリストテレスによれば、理性による純粋思惟は最も高くして又(また)最も幸なる境地である。つまり、人間として至高至福の境地は純粋思惟の境地なのである。神は即ち純粋思惟自体であって自在自足、みずから思惟してみずからを観じつつ他の何物にも依存することなき独立自尊者である。人間はその思惟を通して、この至高者に近づき倣(なら)うのである。だからアリストテレスによれば一切の体的なものから超脱した純粋知性の観照世界が霊のふるさとであって、そこは完全な叡智的一元自足の世界である。もはや体を必要としない世界である。天人は無体の叡智者でなければならぬのである。したがってアリストテレスにおいては人生における究局の目標が体から解脱(げだつ)することに置かれたのである。

しかし、アウグスチヌスは、復活の後、われらは霊にふさわしいような天的なからだを与えられ、かくて永遠に神と共に生きかつ働くのだと主張した。体を脱落した境地が至高の境地であるのではない。体を完成されて霊と肉とのこりなく相和合せる妙境が、われらを待ちつつある天の永生境であるというのである。それが本来の基督教的禁欲論であり、深く現世とそのからだとを肯定し、積極的に現世を生きぬけることによって、その使命を充実しよう、よって以って天的生活の充実に備えようとするものなのである。

第四節　体の善用

人間の不幸の源が人間に内在する二元の相剋にあることは否定できない。二元相剋の不幸を克服する道は、霊をして肉に主たらしめ、肉をして霊に従順ならしめることだ。先ず霊をして霊の事に専念せしめよ、先ず神の国と神の正義とを求めしめよ、しかる時、肉はおのずから霊に随うであろう。衣食等々、肉のため必要なる資料はおのずから来たり備わるであろう。

それでは、霊肉の不秩序を正し得しむる者は何か。勿論、われらより他なる者、われらを絶して徹底的に他なる者よりほか、本質的にわれらに欠けたるこの力をわれらに施与し得る者は、あり得ぬ理である。即ち、絶対的超越神である。この超越神による恩寵の賜与とそれに基づく新生である。パウロの言う「新しき創造」である。この新生においてわれらははじめて霊の主位を回復する。そこに人間生活の真の充実があり、随って又限りなきよ

ろこびがあるのである。

　西洋近世における学芸と一般文化とのめざましき躍進の底には、宗教改革以来の信仰による新生と、そこから生まれる道徳的実行力、実践的勇気がある。それは新生によって得られたる自在の霊力である。肉を殺さず、逃避せず、体を活かしかつ善用して恐れず、ためらわざる「基督者の自由」（ルッター）[3]である。この自由の霊がはじめて人をすべての怖れと心配から解放する。そうして、この解放がはじめて人をして、その力量を残すところなく伸ばさしめる。即(すなわ)ち、人のいのちの存分の伸長である。随って、またアリストテレスも言ったように、よころびあふるる幸福の境地なのである。

5-2　要約者・注

1) 「ベンタム（ベンサム）」の幸福論に関しては次の文献を参照。山田英世（1967）『ベンサム』清水書院。山田孝雄（1979）「英国功利主義者の幸福論」山田孝雄（編）『世界の幸福論』大明堂、pp.280-291。西尾孝司（2005）『ベンサムの幸福論』晃洋書房。

　なお、ベンサムの幸福論の骨子は、次のようなものである。「人生の目的は、幸福になることである。人は幸福になるために生まれてきた。幸福になることは、万人の人生の義務である。しかも、その幸福は、現世の幸福、つまり、この世の幸福である。人は、ゆめゆめ、来世の幸福、つまり、あの世での幸福を信じてはならない。幸福になることは、万人の義務であ

る。人は義務としてその人生において幸福にならなければならない。人は、不幸になることを、極力、避けなければならない。現世における不幸、つまり、苦痛を多く受けた人ほど、来世において永遠の幸福を得ることができるとするキリスト教の倫理は、全くの誤りで、虚偽の幸福説である」[西尾孝司(2005)『ベンサムの幸福論』晃洋書房、p.1]。
2)「アウグスチヌス」の『基督教要義』に関しては次の文献を参照。アウグスティヌス（1988）『キリスト教の教え』（加藤武訳）教文館。アウグスティヌス（1995）『教えの手ほどき』（熊谷賢二訳）創文社。金子晴勇（2006）『アウグスティヌスの恩恵論』知泉書館。

　　また「アウグスチヌスの幸福論」に関しては次の文献を参照。三谷隆正（1965）「アウグスチヌスの神国観」「アウグスチヌスの肉体観」「アウグスチヌス対ペラギウスの話」「聖アウグスチヌスとペラギウス」「母モニカ」『三谷隆正全集・第4巻』岩波書店、pp.239-292。小柏仁鋭（1979）「セント・オーガスチンの幸福論」山田孝雄（編）『世界の幸福論』大明堂、pp.258-267。

　　さらに「アウグスチヌスの生涯と思想」に関しては次の文献を参照。三谷隆正（1965）「アウグスチヌス」『三谷隆正全集・第1巻』岩波書店、pp.215-360。服部英次郎（1980）『アウグスティヌス』勁草書房。金子晴勇（編）（1993）『アウグスティヌスを学ぶ人のために』世界思想社。山田晶（1995）『アウグスティヌス講話』講談社。茂泉昭男（1998）『輝ける悪徳―ア

ウグスティヌスの深層心理』教文館。富松保文（2003）『アウグスティヌス—〈私〉のはじまり』日本放送出版協会。宮谷宣史（2004）『アウグスティヌス』講談社。

3) 「ルッター（ルター）」の『キリスト者の自由』に関しては次の文献を参照。マルティン・ルター（1955）『新訳 キリスト者の自由・聖書への序言』（石原謙訳）岩波書店。徳善義和（1997）『自由と愛に生きる—「キリスト者の自由」全訳と吟味』教文館。

また、『キリスト者の自由』の内容は「キリスト者が何ものにも従属しない自由な主人であることと、すべてのものに従属し仕える僕（しもべ）であることとの対立命題で表されることを解説したものである。前半では信仰による自由について、後半では行いによる服従について論じられるが、結局は両方が「自由」の表題のもとにまとめられている。すなわちキリスト者の生は信仰のみによって満たされるゆえに律法の行いから自由であると同時に、信仰から自ずとあふれ出る愛の行いへも自由であるとされる。その信仰による自由の境地の深まりが、同書では信仰者の魂がキリストと一体となるという神秘主義的表現をもって叙述されている」〔竹原創一（2002）「『キリスト者の自由』」大貫隆・名取四郎・宮本久雄・百瀬文晃（編）『岩波 キリスト教辞典』岩波書店、p.311〕。

なお、「ルターの生涯と思想」に関しては次の文献を参照。小牧治・泉谷周三郎（1970）『ルター』清水書院。金子晴勇（1985）『ルターとその時代』玉川大学出版部。高橋三郎（1989）

『ルターの根本思想とその限界』山本書店。倉松功（1999）『ルター神学の再検討』聖学院大学出版会。金子晴勇（1999）『ルターの人間学』創文社。木部尚志（2000）『ルターの政治思想—その生成と構造』早稲田大学出版部。

5-3 解題

『幸福論』第五章「不幸の原因」では、人生における霊と肉の二元相剋について、頭だけで観念的に悟ろうとする思弁的態度や、「清濁併せ呑む」といった時流に流された世俗的態度を厳しく批判している。そして「地上実践の現実世界は二元相剋の戦場である。苛烈深刻なる差別闘争の修羅場である。霊を以つて肉に克つより他に絶対に第二第三の便法がないのである」（三谷1965c, p.361）と断言している。この戦いに勝つための力と秘訣は「超越神による恩寵の賜与とそれに基く新生である。パウロの言う『新しき創造』である」（三谷1965c, p.375）と三谷は述べている。因みに、この場合の創造とは「無からの創造」である。一旦、絶対的に否定し、無に帰せしめたものを、絶対的に肯定し、有として呼び出すことを「創造」と呼んでいるのである。その点で、神は創造の神であるが、同時に愛の神でもある。なぜなら、一度、奈落の底に突き落とし、裁き滅ぼしたものを、赦し、甦らせることは愛であるからである。キリスト教神学においては、創造は愛であり、愛は創造なのである。

上のように第五章「不幸の原因」では、霊肉二元相克からの脱却と禁欲の意義を示しているのだが、『信仰の論理』との対照か

ら更に次のことが指摘できる。

　棄私の決断が徹底他者たる神に導かれ励まされ力籍(か)さるることによって初めて完遂するということは、棄私の決断そのものが徹底他者たる神の導きによるということであり、すなわちそれは棄私の決断の必然性を意味する。しかし、このような認識は三谷自身の痛烈な苦難（passion）の実際体験を通して初めて体得されるものであった。三谷は『幸福論』において次のように自分の新生の体験を語っている。

　「手痛く神に投げ放たれ打ちすゑられて、人は始めて絶対的に神の愛護を信じ、徹底的無条件に神意に服従するやうになる。それは最も深刻なる抵抗の経験であると同時に、又(また)最も強烈に斯の抵抗する者の実在と実力とを思ひ知らしめる。その時われらは己が意志の阻まれたることを憤り恨むよりは、慄然として地に伏し魂をふるはして怖れ畏(かしこ)む。或る圧倒的実在者への畏服である。痛烈深刻におのれの微小無力さをさとらされたのである。而(しか)もこのさとりが我らを小さく萎縮させずして、却(かえ)つて我らをおのれの弱小より解放し、もつと広い、もつと力充(み)ち満ちたる者の掌中に我らを安住せしめるのである。さうして暢(の)びしめるのである。かくて我らは初めて全く新なるいのちに溢るるのである。一度死して再び生きるのである。この旺(さかん)なる更生は痛烈なる苦悩を通してのほか得られない。さうして茲(ここ)に苦難がもたらす福音の秘密があるのである」（三谷 1965c, p.312）。

　『幸福論』全体、あるいは特に第五章「不幸の原因」は、三谷の実際体験を元に書かれたものであり、読者に対して強い説得力

をもつと同時に、それを知る者にとって自身にとっての「幸福の意味」を存在の根底から再考させ得るものである。

6.「第六章　幸福の鍵」を読む

6－1　要　約

第一節　パスカルの賭

　パスカルは彼の『随想録（パンセ）』[1]の中に、神の実在非実在の問題が理知では決められぬ問題であること、つまるところそれは我々が我々の一生を賭けて決めねばならぬ問題であることを論じた手記をのこしているが、その論旨を要約し又布衍（敷衍）して述べると次のようになる。

　有限は無限の前に出れば無に等しい。無限に対しては有限を加えても減じても増減はない。神と我らとの関係も斯くの如し。神は無限にして我らは有限。有限なる我らの理性を以てしては、無限なる神を把握したく思っても把握の手懸りがない。神は理性を以て知らるべくもない。ただ、我らは神を知らないながらに、なお神を考えることはできる。しかし、神については一切手懸りがない。ただ信仰により我らは神の実在を知り、栄光の示しを受けるのである。そこで神の実在非実在の問題は理性的には賭けでしかあり得ない。しかも、この賭けは回避することができない賭けである。そして、この賭けにおいて賭けられるべきものは我らの理性と幸福、失う恐れのあるものは真理と善とである。

もし神有りと賭けたらどうなるか。神有りと賭けて生活する時、我らの生活は愛と誠実と義とに富むものであり、己に対して又隣人と社会一般とに対して福祉豊かなものであることができるであろう。しかして後、神また実在すと確認したら、我らの福祉は無限大であろう。反対に神なしと賭けて生活するとする。その場合、その生活が愛と誠実とに富む生活であることは難いであろう。むしろ各人互いに神なしと賭けて生活したならば、この世はさながら餓鬼道地獄に類した修羅場であるだろう。その上に、もしこの賭けの誤りなることが証明せられて、神有りて義を以て審判したまうと確定したら、その反対を賭けた人々の悔いと悲しみとは限りないことであろう。又よし神なしと賭けたる賭けが当たったところで得るところは何もない。

　パスカルが、ここで言う賭け、即ち理知を超えての断行実践と、それに必ずや伴うところの冒険感、この冒険感は人生におけるすべての真摯なる実践につきまとうものであって、人間が人間である限り、その限られたる理知を以てしては、この冒険感をなくして終うことはできない。新生による二元相剋克服者といえども、この冒険感なし直ちに不秩序を克服し得るものではない。しかし、人知に限りのあるごとく、信仰にも限りがある。刻々に神来って我らに信力を藉したまわずにして、我らに何の力ある信仰あらんや。この意味において新生は新しき創造であるのみならず、つくりつくりて刻々新しき創造の連続でなければならない。こうした不安定、やはり一刻も手を離しては置けぬという未完結態、この不安と動機とは人間生活のあらゆる面に低迷して去らな

い。随ってまた人間の幸福も、人間が人間であって、この地上にいぶきする限り、この意味の不安と動揺とを伴うことを免れ得ない。人間が享け得る幸福は限られた幸福でしかない。完くしてゆるぎない幸福は、この地上にはないのである。

第二節　「至福共働」（幸福の至上境地）

　カトリック教会神学[2]の教義の訓えるところによれば、人間の至高の境地は、面と面とをあわせて神を見奉ること（コリント前書13・12）、即ちいわゆる visio beatifica 至福直観[3]、並びに神の審美完全を愛し楽しむこと、このふたつにあるという。このふたつは必ず相伴なうのであって、至福直観とまた必ずこの直観に附随するところの神への熱愛、並びに歓喜溢るる味楽と、これが天国において我らを待ちつつある祝福の実質であるという。

　この至福直観の内容に関して、カトリック教会神学は次の四点を指摘している。第一に、この直観は如何なる種類にもせよ、肉眼に類する感覚的視力によるものではない。第二に、この直観が如何に至福至純の消息であるにもせよ、それは決して神を完全に把握理解するものではあり得ない。神はただ神自身によりてのみ完全に把握せられ得る。第三に、この直観は感銘直截直接端的なる直視直観であって、間接にして模糊たる推理のたぐいではない。第四に、この直観は全く超自然的なものであって、自然のままなる理性を以ってしては如何にしても到り得ないものである。故に、ただ神の恩寵による賜物として、それの恩賜に与りし者

のみ、この直観に与ることができる。ただし、こうした至福の境地は天国の消息であって、地上に現存する我々が今直ちにそこに到り得るというのではない。しかし、それはすべての造られたる者の存在意義の頂点であり、人生の究極の目的である。

上のような至福直観はダンテ[4]のいわゆる「知性に安息を与ふ」(『神曲』天国篇 第28歌108行)るものである。よって神の実在についての知的不安動揺が一掃され、随って人生と全実在との意義目的についての曇りがすっかり拭い去られる。斯くして我らの幸福が些しも陰のないゆるぎないものになる。即ち幸福の至上境地は曇りなく明智の境地である。その秘訣は見ることであって働く事ではない。ダンテの語りを借りて言えば、真理観照が先であって愛の実践はこれに従うのである。極論すれば、古今東西の哲学宗教に顕著なる特色は主知主義の徹底であるということができよう。ただし、それらと基督教(キリスト)神学が著しく違うことは、基督教神学の主流が超越神観を堅持して動かず、至福直観を以ってしても神は理解を超ゆるものであり、自然的人間的理性を以ってして神の全貌をつかむことはできないと切言していることである。これに反して仏教やその他の東洋哲学における主知主義はもっと汎神論的であり、随って又しばしばもっと自信に充ちているようである。この汎神論的主知主義が東洋古今の幸福論を顕著に性格づけていると思う。

だが果たして見ることは愛することにまさりて祝福の源であろうか。この地上の我らの生活においては、幸福への秘訣はパスカルのいわゆる賭けにあり、静かに座して栄光の神を観てよろこ

ぶというような味楽の境地でなくて、起こって全身全霊を神の聖前に投げることでなければならぬ。それは髄の髄を揺り動かし、全身の血を震蕩させるような深い大きい実践でなければならぬ。全人格をあげての躍進でなければならぬ。だからパウロは、これを新たなる創造と名づけた。生命が更新するのだ。その間における祝福は潑剌として活気あふるる動的幸福である。天上至福の境においても神は絶大無限の全能力にして、人は微小有限の被造者である。随って、神をその絶大なる全容において把握しつくすことはできない。また、天国においても我らの神に対する関係は信仰を基調とするものであって、それにより強固に人の霊を安息させ、神のいのちにつながらしめるのであろう。それは至福直観であるよりは、むしろ至福共生であり、飽くまでも生動的な、生きのいのち溢るる境地であろう。それが天上至福の境地であると私（＝三谷）は信ずる。イエスが神を父と呼んだ意味は、これであると信ずる。

　イエスが神を呼んでわが父[5]、汝らの父と言ったのは、神対人間の根本関係が愛であって知ではないことを強調したものである。イエスは、全人的に幼児の如く直截に神に迫り、そのめぐみを受けよと力説した。即ち、愛先にして知これに随うのでなければならぬ。この愛によって我らのいのちが直接神のいのちに通い、神といのちのいぶきを相共にし得ることよりほかに何の真のよろこびがあり得ようか。近世のプロテスタント教会においては、ルッターもカルヴィン[6]もその信仰態度において極めて主意的能動的であり、一切を神への一途なる信頼に委ねて、多くを問お

うとしなかった。故に天上至福の境地についても余計な穿鑿を禁じ、そういう穿鑿は不信仰だと言った。随って彼らの生活態度は深邃に能動的であり、生活のあらゆる面にわたって極めて積極的であった。このような深邃に能動的な生活態度を通してでなければ、真にいのち溢るるよろこびに与ることはできない。それができなければ真の幸福に与ることはできない。幸福の真諦は見ることでなくて、働くことである。享楽することでなくて、創造することである。幸福の至上境は至福直観ではなく、身親しく神を共なる至福共生共働（collaboration）であるに相違ない。天国[7]は終了と静止の国ではなくて、さかんなる建設と溌剌たる生動の国でなければならぬのである。

第三節　幸福なる生涯

　幸福とは、旺なるいのちに充ち溢れることだ。そのために我ら人間の限りある貧しきいのちが、もっと豊かな永遠的ないのちにつながれなければならぬ。更には、ただ見たり悟ったりするだけでなく、もっと突っ込んで、いのちを以っていのちに迫るのでなければ駄目だ。天上においても地上においても、この挺身的な没入、そのひたむきな帰依が幸福の奥義である。

　だから地上では、すべての悪と偽りとを敵に廻しての不断の健闘。天上では、勝ち誇る愛と真実との活溌溌地たる建設経営。これが幸福の奥義であり、また人生の真意義である。古今、基督教会は前者を指して Ecclesia militans 戦闘の教会[8]、後者を指して Ecclesia triumphans 勝利の教会[9]と呼びならわしてきた。

故に、すべて真実なる人生を生き、随ってまた真実なるよろこびに与りたくおもう者は、何よりも先ず極めて積極的に、真実をこめてこの人生を生きぬくべく覚悟しなければならない。その際、真実をこめて己を捧げるものは、先ず真実をこめて己を惜しみいたわる。だから幸福の秘訣は、一方では果敢なる献身棄私、他の一方ではしかし誠実なる自愛自養、このふたつの面を併せ実践しなければならない。この後の面に即して問題を考えると、具体的用意の眼目としては、ほぼ三つの軸を考えることができる。一は「自分」、特に心身共の健康、二は「家庭」、三は「社会」である。

第四節　職業の選択

生活の場処としての社会、現実には祖国における我ら各自のあり方または分担が、我らの職業または使命の問題である。この職業の選択を誤らないようにすることは、自他の幸福のため極めて大切である。ただ一部の天才を除く、その他の常人達にとっては、職業は大体どんなものでもよいのである。どんな事でも世の益となり、社会国家のため有意義なものであればよいのである。個人的な適不適というようなことは決して絶対的なものではない。それが有益有意義な仕事ならば、それを為し遂げるに必要な技能態度は誠心誠意勉強すれば得られるのだ。

だが一方では、又真実やりたいと思う仕事があるなら、そうしてそれが充分にやるに値する仕事であるなら、やり手の多少の顧慮することなしにやるべし、である。その際、生計の事など深く

心を労する必要はない。イエスの語を以ってすれば「先ず神の国と神の義とを求めよ、然らばすべてのこれらの物は汝らに加へるべし」である。だから我らは真実生きがいのある人生に想いを定めて、一路ただ真実なる一生を眼がけ励めばよい。

人の一生は到底その人みずからのつくる所ではない。多くはその人みずからの造ろうとした所と逆な一生である。にも拘らず、真摯なる生活者の真実なる一生は、その人みずからの願いしより以上に、一層、深刻にその人の願いの通りの一生にまで完成する。祈らずとても神は護らんではなくて、祈りし以上に神は聴きたまうのである。

人の企画は浅薄幼稚である。その幼稚なる企画が実行されずして、神の博大高邁なる深謀遠慮が実行されるということは、何という幸福であろうか。私（＝三谷）は人生における蹉跌と失敗とを恐れない。それらの浮沈に拘りなしに、生くるに値する真実の人生は必ず与えられる。真実もて求むる限り、必ず与えられる。願いしにまさりて豊かに与えられる。そうして、この一事のほかには何の求むるに値するものがあろうか。

第五節　結　語

良き健康と清純な家庭と一生を投じて悔いなき職場と、この三つを併せ持つことは大いなる幸福である。しかし、それにもまして大いなる幸福は新しきいのちの源に出会うて、新しく造り変えられることである。この新しきいのちさえ与えられるならば、健康を失っても、家庭がなくとも、職場さえ奪い取られても、我ら

は生気とよろこびとに溢れたぎつことができる。

　しかし、この奪うべからざる幸福への鍵は、我ら人間みずからの裡(うち)にはない。それは、ただ信仰により、超越的創造の主たる神の恩賜として、ただただ恩賜として受領するよりほかない。イエスは、この受領ぶりをたとえて、幼児の如くに受けると言った。無条件無成心のすなおな受領である。こうして宗教的境地を通ることなしに、不壊(ふえ)の幸福を摑(つか)むことは不可能であると思う。

　それではどうしたらよいか。真実一途(いちず)の生活[10]をすることだ。ほかに道はない。ただただ真実の一本槍、一切の虚偽虚飾を敵に廻して、終始一貫ただ真実を守って生きぬくことだ。しかる時、たとえもし一生苦しみ通し、悩み通すことありとも、それは深く祝福されたる、充ち足らえる一生であるであろう。何故ならば真実なる一生にも増して神の祝福に値するものは他にないからである。

6－2　要約者・注

1)　「パスカル『パンセ』」に関しては次の文献を参照。パスカル（2001）『パンセ Ⅰ・Ⅱ』（前田陽一・由木康訳）中央公論新社［特に「第3章 賭の必要性について」］。塩川徹也（1985）『パスカル 奇蹟と表徴』岩波書店。末松寿（1990）『「パンセ」における声』九州大学出版会。塩川徹也（2001）『パスカル「パンセ」を読む』岩波書店。

　また「パスカルの生涯と思想」に関しては次の文献を参照。中村雄二郎（1965）『パスカルとその時代』東京大学出版会。

小松攝郎（1967）『パスカル』清水書院。前田陽一（1968）『パスカル―「考える葦」の意味するもの』中央公論社。三木清（1980）『パスカルにおける人間の研究』岩波書店。塩川徹也（1993）『虹と秘蹟―パスカル「見えないもの」の認識』岩波書店。田辺保（1999）『パスカル伝』講談社。田辺保（2002）『パスカル 痛みとともに生きる』平凡社。塩川徹也（2003）『パスカル考』岩波書店。

2) 「カトリック教会神学」に関しては次の文献を参照。ピエール・アドネス（1968）『カトリック神学』（渡辺義愛訳）白水社。ガエタノ・コンプリ（1979）「キリスト教の幸福観―カトリックの立場から」山田孝雄（編）『世界の幸福論』大明堂、pp.268-272。A・マタイス（1979）「キリスト教徒と幸福」山田孝雄（編）『世界の幸福論』大明堂、pp.273-279。岩下壮一・稲垣良典（1994）『カトリックの信仰』講談社。小田垣雅也（1995）『キリスト教の歴史』講談社。ジャン＝ピエール・トレル（1998）『カトリック神学入門』（渡辺義愛訳）白水社。郷義孝（2000）『キリスト教―21世紀への模索』学陽書房。小高毅（2002）『よくわかるカトリック―その信仰と魅力』教文館。

3) 「至福直観」（visio beatifica）とは次のような意味である。「神を直接に見ること、これが天国の幸福の状態である。教会の定義によれば、義人の霊魂は神の本性を顔と顔をあわせて直観的に見る。その結果、神の本質は何らかの被造物を通して間接にではなく、直接に、ありのまま、はっきりと包み隠すことなく知られる。その上、聖人達の霊魂は三位にして一体の神を

ありのままにはっきりと見る。直観というのは肉体の視力との類比によって精神的に見るからである。至福というのは、神を直接見ることは意思と人間存在全体の幸福を生み出すからである。神を直接に見ることの結果として、神の幸福に参加するのである。人間的な話し方によれば、三位一体の幸福は神が自分自身の無限の善性について完全な知識を持っていることの結果である。天使も至福直観を楽しみ、キリストの人間性はこの地上に生活していた間にも至福直観の状態にあった。語源はラテン語 beatificus 至福の、大きい幸福または祝福を与える。またこの語は beatus 幸福な、から」［ジョン・A・ハードン（編著）（1986）「至福直観」『カトリック小事典』（A・ジンマーマン監修、浜寛五郎訳）エンデルレ書店、p.124］。

4) 「ダンテの『神曲』」に関しては次の文献を参照。ダンテ・アリギエーリ（2003）『神曲 I. 地獄篇 II. 煉獄篇 III. 天国篇 IV.』集英社。矢内原忠雄（1998）『ダンテ「神曲」』（矢内原伊作・藤田若雄編・新装版）みすず書房。平川祐弘（2000）『ダンテの地獄を読む』河出書房新社。今道友信（2002）『ダンテ「神曲」講義』みすず書房。

　なお「ダンテの生涯と思想」に関しては次の文献を参照。野上素一（1981）『ダンテ』清水書院。マリーナ・マリエッティ（1998）『ダンテ』（藤谷道夫訳）白水社。平川祐弘（1994）『中世の四季―ダンテとその周辺』（新装版）河出書房新社。

5) 「イエスが神をわが父と呼んだこと」に関しては次の文献を参照。三好迪（1987）「神にアバと呼ぶイエスと小さき者へ

の配慮」三好迪『小さき者の友イエス』新教出版社、pp.101-123。

6) 「カルヴィン（カルヴァン）」に関しては次の文献を参照。ジャン・カルヴァン（2000）『J・カルヴァン キリスト教綱要（1536年版）』（久米あつみ訳）教文館。ヒューカー（編）（1994）『カルヴィン キリスト教綱要抄』（竹森満佐一訳・復刻版）新教出版社。ジャン・カルヴァン（2005）『カルヴァン神学論文集』（赤木善光訳）新教出版社。J.カルヴァン（1998）『ジュネーヴ教会信仰問答―翻訳・解題・釈義・関連資料』（渡辺信夫訳）教文館。波木居齊二（編訳）（1982）『カルヴァン小論集』岩波書店。渡辺信夫（1968）『カルヴァン』清水書院。冨本健輔（1984）『神を背に立つ改革者 ルターとカルヴァン』清水書院。久米あつみ（1997）『カルヴァンとユマニスム』お茶の水書房。荻原登（1999）『カルヴァンの手紙』すぐ書房。高崎毅志（2000）『カルヴァンの主の晩餐による牧会』すぐ書房。森井真（2005）『ジャン・カルヴァン―ある運命』教文館。

7) 「天国」に関しては次の文献を参照。三谷隆正（1965）「神の国の観念について」『三谷隆正全集・第2巻』岩波書店、pp.41-54。

8) 「戦闘の教会」（Church militant）とは「罪と誘惑に対して不断の戦闘を続けている地上の教会。したがって、この世と肉と悪魔に対して戦闘を続けている教会という意味である」［ジョン・A・ハードン（編著）（1986）「戦う教会」『カトリック小事典』（A・ジンマーマン監修、浜寛五郎訳）エンデルレ

書店、p.211]。
9) 「勝利の教会」(Church triumphant)とは「生存中に、悪への傾き・この世の誘惑・悪霊の誘惑に打ち勝って天国の栄光にいる人々の教会という意味である」[ジョン・A・ハードン（編著）(1986)「勝利の教会」『カトリック小事典』(A・ジンマーマン監修、浜寛五郎訳)エンデルレ書店、p.142]。
10) 神の祝福に値する「真実一途の生活」に関しては次の文献を参照。三谷隆正（1965）「幸福論」『三谷隆正全集・第1巻』岩波書店、pp.180-191。三谷隆正（1965）「真実一途」『三谷隆正全集・第4巻』岩波書店、pp.202-205。

6－3 解題

『幸福論』最終章である第六章「幸福の鍵」では「真実一途の生き方」が提唱される。三谷よれば、幸福とは「旺（さかん）なるいのちに充（み）ち溢れること」（三谷1965c, p.388）である。真実の人生を生き、よろこびを得たいと思う者は、「真実こめてこの人生を生きぬけるべく覚悟しなければならぬ」（三谷1965c, p.388）と三谷は説く。その際、「自分」と「家庭」と「社会」の三つの軸に即して考えると、まず「からだの健康は大切である」（三谷1965c, p.390）。また「良き家庭は良き健康と同じだけ大切である」（三谷1965c, p.391）。更に社会における私たちのあり方は、職業または使命の問題に関わるので、「誤らないやうにすることは、自他の幸福のため極めて大切である」（三谷1965c, p.396）のだが、しかし、「真実やりたいと思う仕事があるなら、……(中略)……

生計の事など深く心を労する必要はない」(三谷 1965c, p.398)と三谷は言う。いずれにせよ「良き健康と清純な家庭と一生を投じて悔なき職場と、この三つを併せ持つことは大なる幸福である」(三谷 1965c, pp.401-402)と三谷は述べる。

しかし、「それにもまして大なる幸福は新しきいのちの源に出会うて、新しく造り変へられることである」(三谷 1965c, p.402)と三谷は強く主張する。「斯(か)の新しきいのちさへ与へらるるならば、健康を失つても、家庭がなくとも、職場さへ奪ひ取られても、われらは生気とよろこびとに溢れたぎつことができる」、「然(しか)し斯の奪ふべからざる幸福への鍵は、われら人間みづからの裡(うち)にはない」、幸福は「唯(ただ)信仰により、超越的創造の主たる神の恩賜として、唯々恩賜として受領するほかない」(三谷 1965c, p.402)のである。そのためにも、「真実一途の生活をすることだ」「唯々真実の一本槍、一切の虚偽虚飾を敵に廻して、終始一貫唯真実を守つて生きぬくことだ」(三谷 1965c, p.402)と三谷は『幸福論』の最後をまとめているのである。

上のように最終章である第六章「幸福の鍵」では、真の幸福に達する要件、すなわち新しき創造の不断の連続である「新生」の重要性を再び示すことによって、著書全体として、三谷の中で不可分な要素である信仰者・学者としての「高潔な理想」と、生活者としての「実践的な教訓」とを融合させ、三谷はこの著書『幸福論』を完結しているのであるが、『信仰の論理』を筆頭にその他の三谷の著作・論文との対照により更に次のことが指摘できる。

これまで述べてきたように、三谷の実生活における苦難の末の「棄私」による新生の体験は、三谷にとって徹底他者との出会いを実現させ、「愛他」の道を歩ませることとなる。その体験は、事後振り返る時、徹底他者による恵みの体験として認識される。それは『幸福論』における三谷の次のような言葉から実感される。それはすなわち「何よりも先ずイエスは新しきいのちと新しきよろこびとを訓えた。『凡て労する者重荷を負ふ者、われに来れ、われ汝らを休ません』と言ふ。『幸福なる哉、貧しき者。幸福なる哉、義のために責められたる者』と言ふ。かれは新しき天地と新しきよろこびとを告げ知らす者である。新しきいのちのよろこびを約束するものであつた。基督を信ずる者はかれに於て新生とその浄福とを約束せられた。この新生が凡ての祝福の源であった」（三谷 1965c, p.317）というものである。

おわりに──まとめにかえて

　以上の検討から、三谷隆正の遺著『幸福論』の構造、すなわち三谷隆正という人の「存在の根底」を支える思想構造は次のようにまとめられると思う。
　まず、『幸福論』の章立て自体に即して見れば、その構造は次の如くである。すなわち、第一章「幸福論の歴史」では、古代ギリシアからの幸福論の歴史とその哲学の共通点について、第二章「幸福とは何か」では、自己内在的幸福論を超え、自己超越的幸福論に至る徹底他者たる神を中心にした「棄私愛他」に基づく幸

福論について、第三章「苦難と人生」では、苦難の現実を否定することなく生きる意味と、それを可能にする「新生」の体験について、第四章「新しき創造」では、宗教的信仰の教えから、真の自由人を目指す新しき創造について語り、第五章「不幸の原因」では、霊肉二元相剋からの脱却と禁欲の意義を示し、そして最終章である第六章「幸福の鍵」では、真の幸福に達する要件、すなわち新しき創造の不断の連続である「新生」の重要性を再び示すことによって、著書全体として、三谷の中で不可分な要素である信仰者・学者としての「高潔な理想」と、生活者としての「実践的な教訓」とを融合させ、三谷はこの著書『幸福論』を完結している。

　次に、処女作『信仰の論理』と遺作『幸福論』との対照であるが、三谷隆正の幸福論はキリスト教信仰に基づく幸福論である点が最も重要である。換言すれば「信仰の論理」すなわち「神学」を基調とした幸福論である。したがって、その幸福論は、幸福が快楽か徳かであるかを問題にせず、利己的主観的な幸福論を否定し、自己を棄て、他者に自己を捧げるところに、人生の意義があり、幸福があるとする。しかし、他者といっても、隣人や社会や国家や人類ではなく、「大いなる他者」「絶対他者」「徹底他者」とも呼ばれる神、すなわち量的にも質的にも全く卑小なる人間を超えた人格神である。それは、かつてパウロやアウグスティヌスが捉えられた神であり、人間の卑小なる個に遥かに勝り、遥かに充実せる「いのち」の主なる絶対存在である。

　こうした絶対他者たる生ける神の「いのち」の中に、己を没

入することができてこそ、私たちは真に生きがいを感じるのである。幸福はそうした献身の内にのみある。すなわち、超個人的人格神に対する己を棄て去った全人格的傾倒・献身が幸福であるとする、処女作『信仰の論理』で展開された「棄私愛他」を中心とした「徹底他者論」こそ、『幸福論』の骨子なのである。その思想は、三谷隆正という一個の人格がもつ不可分なる三つの位相、すなわち「信仰」と「学問」と「生活」において実践された。すなわち、イエス＝キリストの受難（passion）の如く、［他者と共に］苦しみに耐える（compassion）という己の人生に対する三谷隆正の一貫した姿勢を通して、その行動と思想が表裏一体になっていったプロセスの中に『幸福論』がある。その意味では『幸福論』は、三谷隆正というホリスティック（holistic）な存在が後世の人びとに遺した静寂の中にも情熱（passion）を秘めた「遺書」（testament）であったとも言えるのではないかと思われるのである。

参考文献

波多野精一（1969）「宗教哲学」『波多野精一全集・第4巻』岩波書店、pp.1-277。

三谷隆正（1940）「新生と浄福」『岩波講座倫理学・第4冊』岩波書店、pp.1-33。

三谷隆正（1965a）「汝自身たれ」『三谷隆正全集・第2巻』岩波書店、pp.193-203。

三谷隆正（1965b）「信仰の論理」『三谷隆正全集・第1巻』岩波書店、pp.1-100。

三谷隆正（1965c）「幸福論」『三谷隆正全集・第 2 巻』岩波書店、pp.215-402。

三谷隆正（1965d）「問題の所在」『三谷隆正全集・第 1 巻』岩波書店、pp.101-214。

守谷英次（1966）「恩師三谷先生」『三谷隆正全集・月報 5・第 5 巻』岩波書店、pp.3-6。

南原繁（1965）「後記」『三谷隆正全集・第 1 巻』岩波書店、pp.361-364。

■ 著者紹介

鶴田 一郎 （つるた いちろう）

名古屋大学大学院 教育発達科学研究科 心理発達科学専攻 博士後期課程
修了 博士（心理学）
現在 広島国際大学 心理科学部 臨床心理学科 教員、臨床心理士

［主な著書］
共著：『失敗から学ぶ心理臨床』（星和書店）、『心理療法を終えるとき』（北大路書房）、『カウンセリング心理学辞典』（誠信書房）＊分担執筆
単著：『間主観カウンセリング』（西日本法規出版）、『生きがいカウンセリング』（駿河台出版社）、『災害カウンセリング研究序説』（ふくろう出版）

人間性心理学の視点から三谷隆正『幸福論』を読む

2014年4月20日　初版第1刷発行

■ 著　　者 ── 鶴田一郎
■ 発 行 者 ── 佐藤　守
■ 発 行 所 ── 株式会社 大学教育出版
　　　　　　　〒700-0953　岡山市南区西市855-4
　　　　　　　電話（086）244-1268　FAX（086）246-0294
■ 印刷製本 ── サンコー印刷㈱

© Ichiro Tsuruta 2014, Printed in Japan
検印省略　　落丁・乱丁本はお取り替えいたします。
本書のコピー・スキャン・デジタル化等の無断複製は著作権法上での例外を除き禁じられています。本書を代行業者等の第三者に依頼してスキャンやデジタル化することは、たとえ個人や家庭内での利用でも著作権法違反です。
ISBN978-4-86429-263-4